負債1400億円を背負った男の逆転人生

鹿沼カントリー倶楽部再生物語

福島範治

日経BP

はじめに

「鹿沼グループは先進的な取り組みをしている、ゴルフ業界のモデル企業だ」

先日、ある同業者からこんな言葉をかけてもらった。当社がこのように評される立場になったことに私自身、驚きを覚えている。

確かに、鹿沼グループは業界初、栃木県初となるさまざまな取り組みを手掛けてきた。35歳以下限定の「U35会員制度」や9ホール限定の会員制度の導入。アウトドアとゴルフの融合。ゴルフコースを使った花火大会。

従来の常識からすると「メンバーから不満が出る」「理事や経営陣を説得できない」などの理由から二の足を踏んでしまうようなことにも、一歩踏み込んで取り組んできた。

人的資本を重視し、しっかり投資しているのも先進的と言われるゆえんだろう。社員の平均年齢は39歳で、新卒採用した社員の割合は4割を超えている。コース管理に無人芝刈り機を導入するなど、DX（デジタルトランスフォーメーション）や労働環境の改善にも力を注いできた。

なぜ、我々には、一歩踏み込むことができるのか。オーナー企業だから号令をかけやすいというのはある。だがそれ以上に大きいのは、１４００億円の負債を抱えて民事再生法適用を申請し、困難を共に乗り越えてきた社員たちの存在だ。

再生の過程では悔しい思いをたくさんした。ぶつかり合い、涙を流し、組織が空中分解しかけたことも一度や二度ではなかった。だからこそ、より良い企業にしていこう、社長が言うならば付いていこうと、残った2割の社員たちが実行部隊のキーマンになってくれた。そこに若い新入社員たちが賛同し、業界初の取り組みに果敢に挑戦している。

ゴルフ産業は長い間、斜陽産業だと言われてきた。

日本に初めてゴルフ場ができたのは１９０１（明治34）年のこと。その後、日本にはゴルフブームが三度あった。１９５７（昭和32）年に、第5回カナダカップ（ワールドカップ）が霞ヶ関カンツリー倶楽部で開催されたことを機に、昭和40年代にかけて第一次ゴルフブームが到来した。第二次ブームは昭和50年代で、１９８０年半ばには約１５００のゴルフ場が林立した。日本経済は右肩上がりで伸び、サラリーマンはこぞってゴルフ場へと足を運んだ。

その後に訪れたのがバブル経済だ。１億円を超えるゴルフ会員権、シャンデリアを飾ったきらびやかなクラブハウス。バブル経済の落とし子ともいえるゴルフ場が、さらに勢いを増して各地に造られた。ゴルフ会員権の価格もピークに達した。第三次ブームの時期については諸説あるが、私はこのバブル期をそう位置付けている。

だが、そんな華やかな日々も長くは続かなかった。

１９９１（平成３）年のバブル崩壊を機に、会員権の価格は暴落。プレーヤー数の減少とともにプレー単価も急落した。ゴルフ業界のバブル崩壊である。

１９９７年には大手ゴルフ場運営会社、日東興業が預託金償還に行き詰まり経営破綻する。そこからはドミノ倒しで、ゴルフ場がバタバタと倒産していった。破綻ラッシュが続くゴルフ業界にハゲタカファンドが舞い降り、銀行の不良債権と化したゴルフ場を一気に買いあさっていった。

そこから今日に至るまで30年近くも、ゴルフ産業は低迷を続けている。新型コロナ禍でゴルフが「三密にならないレジャー」として注目を浴びたのも束の間、今も業界を取り巻く状況は変わらない。ゴルフ人口はピーク比で半分程度にシュリンクし、ゴルフ会員権の平均価格はピーク時に比べて95％減ほどだ。設備投資の余裕がなく、ＤＸなど後回しというゴルフ場が多い。

しかし、私たちは変わらなくてはならないのだ。そして衰退期を迎えたゴルフ産業だからこそ、イノベーションによって新たな機会を生み出すチャンスが訪れていると、私は考えている。

「普通の企業にならなくてはいけない」

振り返れば２００４年に民事再生法を申し立てたとき、私はそう思っていた。

当時の鹿沼グループは「普通」とは程遠かった。豪放磊落《ごうほうらいらく》で、ワンマン経営者だった父が興した会社は組織の体を成していなかった。

56人いる役員には親戚が多く名を連ね、全役員の印鑑は父が保管して、すべてを独裁していた。名誉欲と事業欲からさまざまな業態に手を出し、アスレチッククラブから栃木県内の新聞社、六本木のレストラン、タイのコーヒー農園に至るまで30近い関連会社を所有していた。絵画や美術品の収集にも目がなかった。不動産や土地も次々に買いあさった。

持たざる経営ではなく、「持つ経営」だった。

バブルがはじけるのとほぼ同時に、鹿沼グループは傾いていった。収入は激減し、ゴルフ会員権も売れない。本社の給与支払いは1994年頃から遅延し、税金の滞納が始まり、銀行の元本はもちろん、利払いすらできない状態に追い込まれた。

関連会社の閉鎖や事業の切り離しなど、さまざまな手は打ったがダウントレンドは止められず、父は悩んでいた。そして母と私がいる自宅で倒れた。1997年の年末のことだ。

その翌年、金融機関から私の元に、一本の電話がかかってきたのだった。

私は父の実子だが、父と母は夫婦の籍が入っていない。私は大学時代にそれを知った。出生のことや母が置かれている立場を考えても、自分が父の後を継ぐことはないと考えていた。小学生のときからラグビーに熱中し、大学卒業後は銀行マンとして懸命に働き、頭取表彰を3回受けた。一流のバンカーとして組織や社会に必要とされる人間になる。そう覚悟を決めていた。

そんな私にかかってきた一本の電話。「あなたが継がないと、足利銀行は支援できない」という一言をきっかけに、私は銀行マンとしてお金を貸す立場から、巨額の負債を抱える側へと大きく立場が変わった。次から次へと明らかになる鹿沼グループの実態。お金がないことで卑屈になり、友人や知人に会えない日々が数年続いた。

巨額の負債を抱えた企業の後継者となり、やむなく民事再生法を申し立てたときは、とにかく会社を立て直すことが自分に課せられた役目だと考えていた。だが、時代が変われば企業の役割も変わる。顧客、社員、地域社会、そして自分自身が誇らしいと思える会社にしたい。いつしか会社を守ることだけが経営のゴールではないと思い始めていた。

志を共にする仲間と自力再生を果たし、さまざまな改革を手掛けるなか、再建しただけでは経営者の本懐を遂げていないと思うようになった。イノベーションを起こし、顧客や社会に鹿沼グループの存在価値を示す必要がある。

そう信じて歩み続けた結果、今ではＥＳＧ（環境・社会・ガバナンス）経営を実践する企業として、メディアなどに取り上げられるようになった。そして、次々に現れる課題や危機を乗り越えながら会社が再生するのと同時に、自分自身も再生していったのだった。

この本は鹿沼グループという企業と、経営を担うことになった私自身の再生の物語である。

第１章では、銀行からの一本の電話を契機に運命のレールが変わっていくさまを書いた。そして私自身の生い立ちと、私の家族の生き方を振り返った。

人は誰しも、生まれてきた意味や意義が必ずある。そして人は、独りでは生まれてこない。親子とは何か。そのDNAが今の自分にどうつながっているのか。記憶をたどることで他者からの愛情に気づくとともに、父のジェットコースターのような人生が私自身にも、強い信念をもたらしているのだと気づいた。ルーツやアイデンティティーを知ることは挑戦の原動力になるのだと、読者の皆様にも感じてほしい。

第2章では、30年の経営者人生の中で最も苦しかった時期を綴った。組織や人間関係の混沌。お金のない苦しみと侘しさ。自宅を売却せざるを得なくなったときの切なさとやるせなさ。自ら決断して後を継いだものの、想定外の現実に打ちひしがれた。それでも些細《ささい》なところに笑いや楽しさがあったのも事実だ。そして、応援してくれる人は必ず現れる。今、苦境に置かれている人たちには、歩みを止めずにあがき続ければ、思いがけない突破口が見えてくるのだと伝えたい。

第3章では、民事再生という重要な局面を迎えたときの状況をリアルに書いた。「ピンチをチャンスに」とよく言うが、鹿沼グループはまさしくピンチをチャンスに変えることができた。ピンチのおかげで、米映画「アベンジャーズ」のような弁護士チームをはじめ、新たな仲間や応援者にも出会うことができた。一度はダメだと思っても、決して腐らないことの大切さを感じ取ってもらいたい。

第4章では、民事再生が終結を迎え、ようやく水面に顔を出した頃の出来事を綴った。この時期に慢心せず、自分の言葉で経営理念を策定したことは、この後に訪れるさまざまな危機を乗り越える上で役に立った。しかし一息ついたと思ったのも束の間。怪文書や震災など、思いがけず次々と危機的状況に見舞われた日々を綴った。

さまざまなことが起きたが、ピンチは変革の機会になると信じて、結果的に事態を好転させることができた。正解がない時代、いつ何が起きるか分からない。どんな困難も成長の糧になると実感してもらえれば本望だ。

第5章では、再生から成長へと舵を切った鹿沼グループの現在の取り組みを綴った。過去に満足してはいけない。経営再建してきたからこそ、自分たちにしかできない何かがあるはずだ。ゴルフ場のあり方を変えることでゴルフ産業に携わる人が幸せになったり、地域を盛り立てる立役者になったり、新たな出会いの機会を創造したりすることができる。再生は1つの通過点にすぎない。

そして最後の第6章では、再生の道のりを振り返り、何がキーファクターになったのかを自分なりに分析してみた。窮地に陥っている方にダイレクトに響くと思う。

思えば、鹿沼グループの歩みは失敗の連続でもあった。成功に再現性はないが、失敗には再現性がある。そしてピンチはチャンスに変えていける。

今まさに困難な状況に置かれている人にこそ、本書を読んでもらいたい。どうか希望を捨てないでほしい。必ず霧は晴れる。雨は上がり、太陽は昇る。そのとき、あなたは今よりはるかに強く、幸せを味わえる人になっているはずだ。

目次

第3章 民事再生

表紙カバー、章とびらのゴルフ場写真／天神木健一郎

第1章

決断

足利銀行からの電話

父が倒れたのは１９９７年12月23日、天皇誕生日の祝日だった。

私は当時、第一勧業銀行（現みずほ銀行）に入行して5年目で、埼玉県の朝霞支店に勤務していた。その日は銀行も休みで、私は東京・目黒の自宅にいた。午前6時頃に1階で大きな物音がした。急いで降りていくと、寝室の前で転んでいる父がいた。トイレに行きたいのだがソファにぶつかってしまい、行けないのだという。私は父の肩を担いでトイレに連れて行った。

69歳だった父はこの頃、やけに老け込んでいた。数日前にも、父がトイレではなく洗面所で用を足しているのを目撃していた。そんなことが続いていたので転んだことも意外だとは思わず、用を足し終えた父の肩を再び担いで部屋に寝かせた。後で分かるのだが、このときすでに脳梗塞が始まっていた。それで足元がふらつき、倒れてしまったのだ。

数時間がたった頃、父の会社の運転手が迎えに来た。再び父の様子を見に行った。「どう、大丈夫？　そろそろ会社に行く時間じゃないの？」と声をかけた。すると父は「体が動かない」という。このとき初めて、父の体に異変が起きていることを知った。

母に急いで声をかけ、救急車を呼んだ。緊急隊員の様子から父の容体が尋常でないと悟った。父は長年、糖尿病を患っていた。いつもインシュリンを打っていた。不思議なもので、父の糖尿病の悪化と会社の業績不振は連動していた。

父・福島文雄が代表を務める鹿沼グループは、栃木県内の3つのゴルフ場運営を核に、多種多様な事業に手を広げており、本社は東京・京橋にあった。従業員数はピークの1990年頃には、約2000人に及んだ。

事業の中核は、栃木県鹿沼市にある鹿沼カントリー倶楽部だ。1964年、栃木県で9番目にオープンした老舗コースで、漫画「風の大地」の舞台としても広く知られている。

同コミックは、小学館の「ビッグコミックオリジナル」で1990年から連載が始まった。家庭の事情から大学を中退し、生活のために未経験でゴルフの世界に飛び込んだ主人公・沖田圭介が、才能を開花させ、成長していく。実際に鹿沼カントリー倶楽部に所属していた坂田信弘さんが、自身をモデルに原作を書いたヒューマンストーリーだ。

コミックの人気も追い風に運営するゴルフ場は活況を呈していたが、父が倒れた当時、会社はすでに資金繰りに窮している状態だった。経営者の健康状態は会社次第で変わる。経営者と会社が一体である限り、そうなのだろう。父は身を削りながら日々経営していた。その結果、脳梗塞になった。誰のせいでもない。自分で自分を追い込んだ結果、体が悲鳴を上げたのだ。

父は東京慈恵会医科大学附属病院に搬送された。救急車には母が付き添い、私は入院に必要なものを詰め込んで自分の車で後を追った。診断の結果、すでに右脳全体が梗塞しており、命が危ないと聞かされた。しばらくして親戚が集まってきた。慈恵医大には父の叔父が医師として勤務していたので、叔父経由で連絡が回ったのだ。

親戚を交えてどんな会話がなされていたかはあまり覚えていない。だが、父の言葉はよく覚えている。ストレッチャーで運ばれているときも父に意識はあった。父は私に何度も繰り返しこう言っていた。「範治、会社に行く。病院には行けない。給料日なんだよ。給料を手配しないと」。

経営者にとって、社員に給料を払うという行為がどれほど大変なことか。時はすでに年末だ。年を越すことなく、年内に社員に給与を払ってあげたかったのだろう。年末で世間が騒がしいなか、父は倒れる瞬間まで給与の工面に悪戦苦闘していた。この後、私も同じ苦労を味わった。今となっては、自分の体のことより社員の給与を心配していた父の気持ちがよく分かる。

何とか一命は取りとめたものの、脳梗塞の後遺症は大きかった。左半身が麻痺した父は車いす生活になった。入院は相当期間におよび、会社にも行けなくなった。

巨額の負債を抱えるオーナー経営者が倒れたことは、取引先の金融機関にとっても緊急事態だった。入院中、病室の近くにサブメインバンクの次長がやってきて、父の容態を尋ねてきた。教えてはまずいと直感的に思い、「お答えできません」と言った。後継者もいない状態で倒れられた

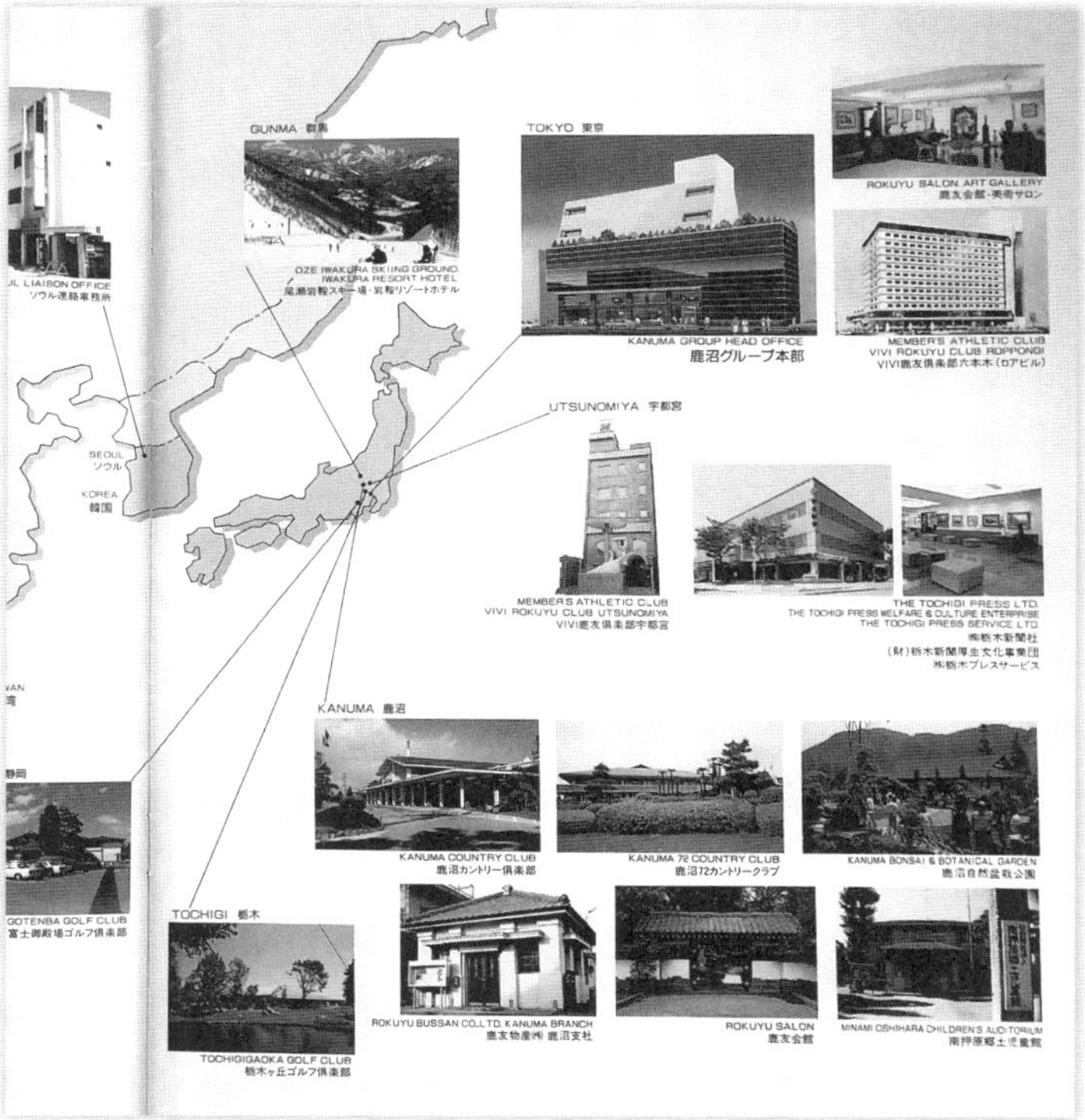

1992年の鹿沼グループの会社パンフレットでは、事業の多角化を誇示していた。栃木県内にはゴルフ場だけでなく、栃木新聞社や鹿沼自然盆栽公園も保有。東京都内には本社ビルのほか、会員制倶楽部も運営していた。海外展開にも積極的で、タイでは複数のコーヒー農園のほか、貿易会社、旅行会社も経営していた

ら銀行だって困る。金融機関も情報収集に必死だった。

父の入院生活が長引くなか、事態はさらに混乱していった。とある親戚が母に「〇〇（親戚の名前）を後継者に指名するように、文雄さんに言って」と迫ったこともあったと聞いた。それとはまた別の親戚の弁護士とやらが来て、離婚費用や慰謝料を払えと言われたこともあった。挙げ句の果てには、兄弟と名乗る人たちが訪ねてきて母が困惑する場面もあった。

そんなとき、父はいつも無言だった。病室で親戚たちがもめるなか、トイレに行きたいと言えずに失禁したこともあった。体が不自由になった上に何もかも思い通りにいかず、つらかったと思う。

一方で、私の銀行員生活は充実していた。朝霞支店から高田馬場支店に異動となり、朝霞支店に続いて、そこでも頭取表彰を受けた。所属していたラグビー部でも主将に任命され、第一勧銀の役員と話をする機会も与えられた。

父が倒れる少し前、父に「いつかは会社を手伝ったほうがいいのか」と尋ねたことがあった。すると父は「おまえは自分のやりたいことをやれ。お父さんの会社のことなど気にするな」ときっぱり言い切った。自分は銀行員として生きていくのだ。そう覚悟を固めた時期でもあった。

だが、父が倒れて半年が過ぎた頃、第一勧銀の高田馬場支店に足利銀行から電話がかかってくる。私はてっきり手形割引の信用照会（当時は手形割引に際して振出先金融機関に信用状況を問い合わせる習慣があった）だと思い、電話に出た。

電話の相手は、鹿沼グループを担当する足利銀行本店営業部次長の安野さんという人だった。

「お父様の会社に関することでお話ししたい」と安野さんは言った。

後日、仕事帰りに高田馬場の喫茶店で安野さんにお会いした。そこで私は父の会社のことを聞かされた。鹿沼グループとはどんな企業群なのか。どんな事業を手掛けているのか。社員数や負債額はどのくらいなのか。どれも初めて聞く話ばかりだった。

足利銀行はメインバンクとして、鹿沼グループにおよそ３５０億円を融資していることも聞いた。第一勧銀の企業融資案件でも聞いたことがない巨額の融資である。

「後継者が不在では、メイン銀行としてこれ以上支援ができない」と安野さんは言った。鹿沼グループは経営危機に陥っている。そんななか、経営者が倒れた。社内をまとめられる人はいない。

「だからあなたに、後継者として来てほしい」ということだった。

突然の話に頭の中が混乱した。とりあえず実態を把握したくて、鹿沼グループの資料などを依頼してその日の面談は終わった。

数日後、安野さんから一枚のファクスが届いた。「鹿沼グループ一覧」と書かれた資料には、グループ企業数社の社名、資本金、売り上げ、利益だけが記載されていた。売り上げ規模の合計が１００億円くらいになることは理解したが、得られた情報はそれだけだった。

後々分かってくることだが、売り上げ１００億円に対して、負債はゴルフコースの会員からの預託金を含めて１４００億円もあった。うち、銀行から借り入れた金融負債は５５０億円。アスレチックジムの経営に乗り出したり、地元の栃木新聞社にも出資したりと、ゴルフとは何のつながりもない無鉄砲な多角化を借金で続けていた。バブルを象徴するような会社だった。

銀行を辞めて鹿沼グループに入社するべきか、それとも、このまま銀行員として生きていくべきか。30歳を目前に控え、私は人生最大の決断を迫られた。

父と母

ここで、父がゴルフ場経営に関わるようになった経緯について少し話しておきたい。

父は栃木県鹿沼市南上野町で生まれた。県立栃木高校という進学校を卒業後、明治大学に入学するも中退した。その後の詳しい職歴は知らない。ただ、職を転々としていたのは間違いない。家業の肥料販売業や、自動車関係の会社で整備工のようなこともしていたと聞いた。

その後、宇都宮で島木建設という建設会社を起業した。母と出会ったのは、この会社が倒産した頃のようだ。母の姉が経営していた宇都宮のバーに、常連の「ふーさん」として来ていたのだという。その後、実家がゴルフ場の地主だった関係で、父は鹿沼カントリー倶楽部を経営していた帝国観光に入社し、会員権の営業職に就いた。地権者の息子がゴルフ場で働くというのは、ゴルフ場業界ではよくある話だ。

一方、母の和子は宇都宮市雀の宮の農家の7人姉妹の末っ子として生まれた。3歳のときに父親が亡くなり、母・山崎イヱが女手一つで姉妹を育てた。

母は冒険心が強く、18歳になる頃には家を出たくて仕方がなかったらしい。そこで高校を卒業後、1年だけという約束で東京のデパートに就職した。呉服売り場に配属され、仕事のかたわら英会話教室に通って青春を謳歌していた。本人いわく「人気者だった」そうで、食事会やボウリングなどに誘われることが多かったらしい。

このまま東京で自由気ままに過ごしていたい。そんな母の思いとは裏腹に、イヱは母を実家に帰らせたかった。娘を自分の手元に置いておきたかったのかもしれない。実家に戻された母は姉で三女の菊枝が経営するバーで働くことにした。

菊枝は美しく、奔放な女性だった。女性のバーテンダーがほとんどいない時代に、宇都宮で唯一の女性バーテンダーとして店を切り盛りしていた。母にとって、菊枝は姉妹の中でも特に頼れる存在だった。2人に共通するのは冒険心だ。好奇心が旺盛で、常に新しいことに踏み出したい気質なのだ。私にもその血が流れていると思うと、少し嬉しかったりもする。

こうして姉が経営するバーの店員として働いていたある日、後に私の父になるふーさんに出会う。時は1968年。父は41歳、母は22歳だった。

2人が付き合うことに対して、母の家族は大反対だった。ふーさんに奥さんがいることを母は知っていた。母の家族もそれを知っていた。家族会議が開かれ、「ふーさんと別れるように」と何度も説得された。

それでも2人は諦めなかった。和子と文雄は駆け落ちして東京に行こうと決めた。当時は母の自宅に電話がなかったので、公民館の電話を使って密かに打ち合わせをした。一度は失敗したものの2度目で成功し、2人は小さな車に布団を詰め込んで上野に向かった。

母の常套句は「パパには夢があった」。夢が2人の背中を押した。だが、夢だけでは生きていけない。父と母は、帝国観光の社長が住むマンションを提供してくれるという話を信じた。しかしマンションなど一向に提供されず、やむなく上野の木賃宿に移り住んだ。

父は帝国観光の営業職をしながら起業を考えていた。肉まんの製造で一発当ててやろうと企て、練炭で肉まんの試作品を作って爆発騒ぎを起こしたりした。それでも「いつか当ててやる」という夢を失うことはなかった。チャーミングでエネルギーに満ちた父はいつも、自分にしかできない挑戦を追い求めていた。母から当時の話を聞くたび、私にはないアニマルスピリットを持つ若かりし頃の父に、尊敬の念と一抹の悔しさを覚える。

母はというと、父が留守がちだったこともあり、ほぼすべての時間を1人で過ごしていた。「上野だから、よく映画を見ていたのよ」と言う。少なからず不安もあっただろうに、「夢があったから」と言い切る母の強さを感じずにはいられない。

東京での生活を始めて間もなく、母は私を身籠もった。子どものことを考えて2人は上野を離れ、青山にあるマンションの一室に住み始めた。マンションといっても、当時の自宅前で父が私を抱っこしている写真を見る限り、その佇まいはどう見てもアパートだ。

母いわく、「部屋は小さかったけれど、とても楽しかった」そうだ。婚姻関係を結ぶことができないなか、よくぞ私を生む決断をしてくれたと思う。母には感謝しかない。

私が生まれた後、父は成功への階段を駆けのぼっていく。ゴルフ場を複数経営していた帝国観光が倒産し、巡り巡って地主である福島家に鹿沼カントリー倶楽部のM&A（合併・買収）の話が舞い込んできた。父は何としてでも会社を手に入れようと画策した。

そのとき奇跡が起きた。所有していた土地が東北自動車道の工事の対象エリアに認定され、国から高額で引き取ってもらえることになったのだ。こうして父は、土地の売却代金と方々からの金策によって買収資金を調達し、鹿沼カントリー倶楽部を引き継ぎ、経営者になった。

鹿沼カントリー倶楽部の経営を足がかりに、父は積極的に事業展開を進めた。帝国観光から鹿沼72カントリークラブの経営権を取得し、1975年に2つ目のゴルフ場としてオープンした。静岡県御殿場市でもゴルフ場の開発に着手。1978年、富士御殿場ゴルフ倶楽部がスタートした。1991年には栃木ヶ丘ゴルフ倶楽部も開業する。

ゴルフ場以外の事業にも手を広げていった。東京・京橋の不動産購入から、タイでのコーヒー農園事業の展開、六本木の会員制倶楽部の開業まで、10年足らずの間に国内外で新規事業を次々に立ち上げた。

母は「あなたが生まれたことでパパは厄落としできたのよ」と言う。確かに、厄年に生まれた子どもは厄落としになるという風説があるが、実際のところは分からない。ただ一つ言えるとすれば、母が私を生んだ1970年は父にとって転機の年だったのだろう。父と母は、父が事業に成功してから付き合い始めたと思っている人が多いが、実はその逆だ。父は、母と一緒になってから事業に成功し始めた。母の名誉のためにも、これだけははっきり言っておきたい。

短期間にこれだけの事業開発を進めていくのは並大抵のエネルギーではない。景気が良かった、資金調達が順調だった、会員権が飛ぶように売れた――。いくらでも理屈はつけられるが、すべては推進役である父のエネルギーのなせる業だったのだろう。父の成功を受けて、母の暮らしも豊かになった。そして父はさらに情熱的になった。

だが事業が軌道に乗り、成長曲線を描くスピードが早ければ早いほど、こぼれていくものも多い気がする。私が幼稚園の頃、父は外に女をつくり、母は父を家から追い出した。私は月に一度、都内の高級ホテルで暮らす父に会いに行くようになった。

「普通」の家族

「あなたの育った家庭は普通の家庭でしたか？」

こう質問をされたら、今なら「普通ではない」と答えるだろう。しかし、20歳までの私はそんなことは微塵も思っていなかった。幼稚園の頃からジャケットなんぞを着せられ、誕生日には父が経営していた六本木のレストランでお祝いしてもらった。たくさんの友だちや華やかなママたちに囲まれていた。きらびやかな六本木。できたばかりのロアビル。

夏になると、ロアビルのレストランに併設された会員制のプールに行き、大人たちに構ってもらいながらプールサイドでカツサンドを食べた。夏のプールも、六本木のウィンドーにディスプレーされた冬の毛皮のコートも、いつもキラキラしていた。

こうしたことを記すのは自慢したいからではない。ファミリー企業では、会社経営とファミリーの生活が表裏一体の関係にある。栄光と転落も、それらは軌を一にして進む。

私が幼少期を過ごしたマンションは、六本木駅と今の麻布十番駅の間にあった。巷で大ブームになった童謡『およげ！たいやきくん』のモデルになった鯛焼き屋がある麻布十番商店街は、今よりも質素で下町感にあふれていた。幼稚園の友だちと公園で自転車を乗り回し、自動車工場でスーパーカーを眺めたり、豆菓子屋で豆をつまんで食べては店員に怒られて逃げたりしていた。

夜になると、幼稚園の友だちやママ友たちと小さなマンションの一室に集まって食事をした。メニューは大抵同じで、牛肉を焼いたものとジャガイモとごはん。シンプルな料理を大皿から取ってワイワイと食べる。

そして食事が終わると、ママたちは煙草をふかしながら麻雀をしていた。「子どもを置いてけしからん！」と思う人もいるかもしれないが、子どもたちにとっても楽しい時間だった。麻雀に熱中しているママたちの横で、こそこそとイタズラをしたりしていた。

そんな集まりには父親らしき男性はほとんどいなかった。当然、私の父もいなかった。華やかに着飾ったママたちには皆、いろんな事情があった。それが当時の麻布十番だった。そしてこれが私の日常であり、普通の暮らしだった。

母と2人で過ごした数年間を経て、あるとき父が麻布十番の家に戻ってきた。いなかったことが変だとも、帰ってきたことが変だとも何とも思わなかった。当時の私は幼稚園児だったし、「なぜ」と疑問に思うこともなかった。

父に抱かれる赤ん坊の私(右)。当初は東京・青山の小さなアパート暮らしだったが、事業が軌道に乗り、生活は豊かになっていく。父母と撮った下の写真はいつも財布に入れて持ち歩いている

父は、私が小学校を受験するために戻ってきた。いや、戻ることを許されたのだった。私の母は高卒で、父も大学を中退している。母は私をどうしても大学に行かせたい。一番確実なのは大学付属の小学校に入学させることだと考えた。それには父親の存在が必要だったのだ。私は青山学院初等部を受験し、合格した。

こうして父と母と私、3人の生活が戻ってきた。

覚えているのは月に1回の夕食会だ。渋谷のスエヒロに行き、しゃぶしゃぶを食べた。いつもスエヒロ、いつもしゃぶしゃぶだった。そしていつも愛想のいい蝶ネクタイ姿のマネージャーが迎えてくれた。店員にもチヤホヤされた。父はチップを渡すのが当たり前の人だった。今ではマネージャーたちのニコニコ顔の意味がよく分かる。

そのスエヒロで、あるとき事件が起きた。私が店員に水を頼んだのだが、運んできてくれた店員に私がお礼を言わなかったという理由で父から猛烈に怒鳴られたのだ。この日の父は機嫌が悪かった。この一件でその日の食事会は中断し、「帰るぞ」となった。それから二度とスエヒロには行かなくなった。

その日以来、私は飲食店のスタッフには必ずお礼を言うようにしている。横柄な態度は取らない、そう決めている。サービス業の経営者の息子として、父が教育のために私を怒鳴ったとは思えない。しかし、あのときの父の怒りが今の私に影響を与えているのは確かだ。

振り返ってみれば、幼少期の自分の「普通」は、大多数の人たちにとっての普通とは違っていた。のちに降りかかる私の運命も、違った意味で普通では経験できないものである。普通の人生と普通ではない人生。どちらが良いというものではないとは思う。

処々全真

私の小学校進学を機に父と母が復縁し、その後、弟が生まれた。父の事業は軌道に乗り、私たちは麻布十番から目黒・青葉台にある青い瓦屋根の白亜の豪邸に引っ越すことになった。２００坪近い敷地の庭には芝が敷き詰められ、大きな石や本格的な茶室があった。

「お披露目会」と称して母方の親族を全員招いた。わざわざ寿司職人が来て、寿司を握った。割烹着を着て走り回る母の表情はにこやかで、どこか誇らしげだった。

青葉台に引っ越した頃から、父は頻繁に家に帰ってくるようになった。父は遅い時間に帰宅しては、寝ている私に頬ずりをした。いつもアラミスのオーデコロンの匂いで目が覚めた。仕立てのいいスーツに身を包み、髪をオールバックにしてアラミスをたっぷり塗り、黒塗りの車で仕事に行く父が、私には誇らしかった。

だが、青葉台での暮らしは何もかもが幸せとはいかなかった。ほどなくして母が病気を患った。表向きは低血圧ということだったが、実際にはうつ病のようだった。いつも寝巻き姿にガウンを羽織っていた。台所にすら立つことができなくなった。母の寝室はいつも閉ざされていた。

私が中学生になったある日、父から学校に電話があった。「今すぐ帰ってこい」と言う。授業を早退し、急いで青葉台の自宅に向かった。母の寝室に行ってみると、母の髪の毛を引っ張っている父がいた。何が起きているのかとっさには理解できなかったが、父が私に言い放った「おまえはどっちにつくんだ！」というセリフはよく覚えている。

母は隙を見て納戸に逃げ込み、内側から鍵を掛けた。父は工具を持ってきて鍵をこじ開けようとした。私は必死になって2人を止めた。後日、この日のことを母に尋ねると、「パパに反撃したら倍返しでやられたのよ」と笑っていた。いずれにしても、この頃の母は病んでいた。

その後、母を変えたのは父の商売道具のゴルフだった。ゴルフを始めてから母は少しずつ外に出られるようになった。しかし、不思議なものだ。母が元気になった頃から、父の会社の経営状況は悪化していった。

バブル期でゴルフ会員権が飛ぶように売れたにもかかわらず、父は資金繰りに窮していた。一方、母は外へ外へと出ていく。以前なら嫉妬に狂って外出先にまで押しかけるような父だったが、この頃には母の外出を容認していた。

会社がどのような内情であるかは当時の私には知る由もなかったが、父は私にいつも優しかった。今でも、目を閉じると若かりし頃のエネルギッシュであり、そして優しい父の笑顔が浮かぶ。

父の死後、菩提寺の住職から父の座右の銘を聞いた。

「処々全真（しょしょぜんしん）」。目の前にあるもの、すべてが真実という意味だ。私はいつも父からの愛情をしっかり受け止めていた。それが私にとっての真実だった。

家業を継ぐ決断

病に倒れた父のベッドのそばで、そんな昔の記憶を幾度も振り返った。

父は私に「経営者になれ」と言ったことは一度もない。しかしメインバンクの足利銀行は私に「経営者になれ」と迫ってくる。

自分自身も銀行マンの端くれだから、経営者不在が銀行にとってどれだけのリスクであるかはよく分かる。しかし、私に経営者が務まるのか。

鹿沼グループは当時800人の従業員が働いていた。私は目をつぶって自分が800人のリーダーである姿を想像しようとしたが、できなかった。大きなため息が口から出てきた。

判断し、決断する。ある調査によれば、人は1日に3万5000回も決断しているそうだ。「今日の昼は何を食べようか」「どんな服を着ていこうか」。決断疲れを取るために、朝食のメニューを同じにしたり、同じ服を着たりする人もいると聞く。

しかし、決断を意識することが主体的な人生につながるように思う。今日は蕎麦を食べようか、それともラーメンにしようか。これも決断だ。決断すると思うと、食事選び一つ取っても意味があるものになる。そして、決断には失敗も成功もある。

足利銀行の安野さんに会った後、自宅で母に相談した。母の回答は「自分で決めなさい」と素っ気なかった。昔からそうだ。母は決まって「自分で決めなさい」と言う。勉強しなさいと言わないし、今日はどこに行くのかも聞かない。母はいつも私に判断させてくれた。「いいわね」とは言ってくれるが、「こうしたら」とは言わない。

父の会社を継ぐかどうかという大切な決断を迫られても同じだった。いや、重要なことだからこそ母の与件を入れないようにしてくれたのだろう。とはいえ、後に母の本当の思いを知ることになるのだが――。

私はいろいろな人に相談した。そのなかの1人、木村くんのメッセージは忘れられない。木村くんは青山学院初等部からの同級生で、小学校、中学校とともにラグビーをしていたが、高等部には進学せずに、國學院久我山高校でラグビーをする道を選んでいた。進路は違ったが、所詮同じ環境で育ったお坊ちゃん同士。その後も何だかんだと仲良くしていた。

お坊ちゃん同士――そう、木村くんの実家も商売をしていた。年商50億円くらいの中堅アパレル企業で、百貨店にも衣料品をたくさん卸していた。木村くんの母方の祖父が創業者で、お父さんは専務だったと記憶している。典型的なファミリー企業だ。

学生時代は渋谷の南平台のマンションに住んでいて、木村家のスカイブルーのベンツは走っているとひときわ目立った。お母さんは同級生に評判の美人ママで、いつもおしゃれだった。

しかし、平成不況の真っ只中で木村ファミリーにも荒波が押し寄せた。会社が自己破産したのだ。帝国データバンクのニュースで知った私はすぐに木村くんに連絡した。突然の自己破産申請に、お母さんがとても悲しんでいると言っていた。

初等部にはファミリー企業の経営者の子どもも多く通っていた。企業の寿命が30年だとすれば、大人になる頃には社会情勢が変わり破綻する家も出てくる。先輩や後輩の中にも、そういう状況に陥った家はいくつかあった。

そんな経緯もあって、父の会社に入るかどうかを決めるにあたり、木村くんの意見も聞いておきたかった。家が近所だったこともあり、近くのデニーズで待ち合わせた。

私は何となく、転職を止められるのではないかと想像していた。だが、彼から出てきたのは予想もしない答えだった。

「継げる会社があるだけいいじゃないか」。厳しい口調だった。何を甘えたことを言っているんだ、贅沢な悩みだよ——。そんなふうに私には聞こえた。ガツンと頭をたたかれたようだった。

「結果としてダメになろうとも、僕は継ぎたかった。破産手続きにも関わりたかった」。木村くんはそう言った。私は「そうだね」と返すのが精いっぱいだった。

いよいよ自分で決めなくてはいけない。決断の時が来た。

銀行内での手続きを考えれば、退職の申し出は直属の課長にするのが筋だ。私は高田馬場支店の融資課の課長に報告した。課長は心底驚いた様子だった。

そして「誰にも言うな。ラグビー部や支店長に話してはダメだ」と言われた。支店長に話したら最後、すべてが決定事項になる。そのことを心配してくれたのだった。

課長はその日から何日も「継ぐのはやめておけ」と説得してくれた。銀行員として社外から父にアドバイスをしたらいい、今辞めるのはもったいない、ということだった。

正直とても嬉しかった。自分を買ってくれているのだと思った。私の気持ちはグラグラと揺れた。融資を熟知し、企業の内情に詳しい課長だ。会社を継いだ人の末路などリアルな話もされた。

現実的かつ合理的なアドバイスに私は悩んでしまった。そして会社を継ぐことが怖くなった。

しかし、その間も足利銀行の安野さんからは頻繁に電話がかかってきた。

ある日、安野さんに「当行の常務が会いたいと言っている。夜遅くてもいいので食事に付き合ってほしい」と言われた。その日は通常通りに仕事を終えて、午後8時過ぎに待ち合わせた。早稲田駅近辺の寿司店のお座敷に連れていかれた。

そこには鹿沼グループ担当の取締役本店営業部長と常務取締役が座っていた。私は役職のない一介の銀行員。かたや先方は役員クラス。完全に浮き足立ってしまった。

恰幅の良い田中常務が28歳の私に、「鹿沼グループに入社してくれないか」と懇願してきた。足利銀行からも人を出して鹿沼グループの再建に当たる。だからメイン銀行である足利銀行の出向者とサブバンクの出向者と私で経営企画室を組織し、再建業務を手掛けてほしいとのことだった。

「鹿沼グループには再建のチャンスが大いにある」と田中常務は熱く語った。しかし私が参加しないと、支援はできないということだった。メインバンクが支援を打ち切れば、鹿沼グループは破綻する。それは、父はもちろん従業員も路頭に迷うことを意味していた。

この頃の日本は不良債権処理の嵐が吹き荒れ、ニュースでは連日、企業の経営破綻が報じられていた。ここで自分が断れば、足利銀行は本当に支援を打ち切るのだろうか。私が入社しないと

「支援できない」という話に引き込まれた。そして、「再建できる企業だ」という言葉にワクワクもした。怖いもの見たさなのか、それとも武者震いなのか。

「分かりました」

私はその場で返事をした。28歳になったばかりの夏の夜だった。

実はこのとき、私は付き合っていた女性と婚約をしていた。自宅に帰り、父の会社に入ることにしたと母に報告した。そして「婚約は解消しようと思っている」と伝えた。鹿沼グループに入ると、どんな生活が待っているかは分からないと考えたからだ。

婚約解消という言葉を聞いた母は、「銀行員を続けてもいいのよ。その代わり、パパは鹿沼に帰すわ」と言った。

寝たきりに近い状態の父を見て、それはできないと強く思った。

鹿沼に帰れば正妻さんがいる。父はその人の元で一生、寝たきりになってしまう。私が会社を継げば、母も私も父のそばにいられる。父を手放したくなかった。

結局、私は父が好きだったのだ。

幼い頃、寝ている私をおんぶして2階に運んでくれたときの父よりも、私のほうがいつの間にか体も大きくなっていた。年老いていく父を思い、鹿沼グループを何とかしたいと心から思った。

家業を継ぐという決断が、家業を再建するという覚悟に変わった。

銀行最終日

1998年の夏が終わる頃、高田馬場支店長に正式に退職を申し出た。決めたら最後、退職日の日程調整が始まる。後任を選ぶ都合があるから早く辞めてくれという空気を感じた。このときは「なんて冷たいんだ」と思ったが、当然だろう。辞めると決めた人間が、残りの仕事に身が入るわけがない。

「早く辞めてくれ」というのは足利銀行サイドも同じだった。年末の賞与を楽しみにしていたので12月末に退職しようと思っていたが、そんな猶予は許されなかった。10月末日に退職し、翌11月1日に鹿沼グループに入社するというタイトなスケジュールを組んだ。

結局婚約は解消せず、翌年には結婚式を控えていた。銀行の関係者を招待している関係もあって、勤務最終日まで全速力で走り切った。最終日はバッジや保険証を返却し、特段のセレモニーもなく支店長や課長に挨拶をして、いつも通りに退社した。最後まで引き留めてくれた課長は「何かあったら連絡しろ」と電話番号を教えてくれた。

私がいなくても会社は回る。現実とはそういうものだ。

一方、所属していたラグビー部の対応は少し違った。常務だったラグビー部の部長と監督に退社の決断を伝えると、まずは私の決意を尊重してくれた。そして、退職時期に開催される銀行リーグの最終戦までラグビーをさせてもらえることになった。

私は小学3年のときにラグビーを始めた。ボールを持って縦横無尽に走り回る自由さが私の性分に合っていたのだろう。その後はラグビー一色になった。中学、高校、そして青山学院大学に進学してからも、体育会でラグビーを続けた。

就職活動をしたのは1992年の春。バブルは崩壊したが、就職市場はまだ堅調だった。私も「ラグビー部のレギュラーだし、どこかには入れるだろう」と少しのんびり構えていた。当初は、社会人になったらラグビーは卒業しようと考えていた。

就職先をあれこれ考えるうちに、行きたい企業が見つかった。ソニーだ。ソニーの社長だった盛田昭夫さんの邸宅は私の自宅の目と鼻の先にあった。並外れた大きさの、迫力ある豪邸だった。そして何より、ソニーの電化製品は私と父をつないでくれる存在だったのが大きかった。

小学5年生のとき、私は父と2人でタイの首都バンコクに行った。当時、父はタイでゴルフ場の立ち上げに奔走していた。国際線に搭乗する前、父が私に「ウォークマン」をプレゼントしてくれた。さしずめ長時間のフライト中におとなしくしていてほしいと思ったのだろうが、私は嬉しくて仕方がなかった。発売されたばかりのウォークマン。今でいうスマートフォンを渡されたようなものだ。空港内のショップで、「ザ・ベストテン」で破竹の勢いだった寺尾聰の「リフレクションズ」というアルバムのカセットを買ってもらった。かの有名な「ルビーの指環」が入っているアルバムである。すべての曲が歌えるようになるまで繰り返しそれを聴いた。

父は新しいものが好きだった。ベータマックスのビデオデッキにハンディカムのビデオカメラ。家にあったソニーの発明品の数々は、当時の福島家の羽振りのよさを表していた。ソニーは私の憧れのブランドだった。

知り合いのツテをたどってソニーの役員に会いに行った。自己紹介や志望理由などを一通り伝えると、その人は私の目をじっと見て「本気で入りたいか」と聞いてきた。「はい」と答えると、間髪を入れずに「よし、分かった」とおっしゃった。「これで憧れのソニーに入れる」と思い、安堵した。しかし、ここから事態は急展開する。

ある日、父に「話があるから降りてきなさい」と呼ばれた。1階の応接間に行くと、父は開口一番「就職はどうするんだ」と聞いてきた。私が「ソニーに行きたい」と答えると、父は突然「銀行は考えていないのか」と聞いてきた。

えっ……という顔をした私に、父は畳みかけるようにこう言った。「会社を継いでほしいとは思っていない。ただ、将来やりたいことができたとき、銀行に入っていたら役に立つはずだ。銀行は社会の血液みたいなものだから」と。

私は父の助言を素直に受け入れた。すぐにソニーの役員の方に会いに行った。大人の男性に謝罪するのは、これが初めてだった。緊張したが、その方は私の話を受け止め、最後には「自分で決めたことだ」と受け入れてくれた。それからは都市銀行に照準を絞って就職活動をした。そして、面接をしたその日に内定を出してくれた第一勧業銀行に入ると決めた。

第一勧銀はラグビー部のＯＢから誘いを受けていた企業だった。入社すれば当然、ラグビーをしなくてはならない。そんな経緯からラグビー部に入り、ほどなくして主将を任された。

通い慣れたひばりが丘の第一勧銀グラウンドでの銀行リーグ最終戦、そして私にとっても最後の試合を戦った後、チーム全員で写真を撮った。

シーズンを終えて皆、とてもいい顔をしていた。

自発的に取り組めたという意味で、勧銀時代がラグビー人生の中で最も楽しかったように思う。毎週金曜の夜に新宿に集まり、自分たちでメニューを考えて練習し、試合をする。結果を受け止めて、また動き出す。その繰り返しの中でチームは変わり、翌年以降の好成績につながった。今でも「福島さんのときからチームが変わりましたよね」と言ってもらえるのは素直に嬉しい。

最終戦の後、皆で飲みに行った。

その席で、常務だったラグビー部の部長に貴重なアドバイスをもらった。「会社の実印は絶対に人に預けるな」「社内資料の決裁印には三文判を使うな」の2つだ。決裁は重みを伴う決断である。その決断は押印という形で示される。それを軽々しくやってはいけないということだった。

この教えは今でも守っている。代表としての最終決定に責任を持つ。これが押印という行動に反映される。仕事の細部にこそ、大きな責任感が示されるのだ。

こうして私は銀行マン生活に終止符を打った。これから始まる苦難の大きさを知る由もなく、ラグビー部の仲間たちに囲まれ、幸せな一夜を過ごしていた。

第2章

逆境

アウトサイダー

1998年11月、私は鹿沼グループ（正確には株式会社鹿沼カントリー倶楽部）に入社した。朝8時に京橋本社ビルに行った。経営が危機的な状況にあると聞いていたので戦場のような職場を想像していたのだが、本社には誰もいなかった。

会社は経営危機に陥っているのではなかったか。社員には現状が知らされていないのか、それとも単に危機感がなく、ゆるい職場なのか。このときは分からなかった。

9時になった。社員たちは三々五々に集まってきた。総務・経理担当の専務のところへ行くと「鹿沼カントリー倶楽部経営企画室課長」という肩書の辞令と給与の説明があった。転職前、足利銀行の安野さんには「せめて銀行員時代と同じ月額給与にしてほしい」と依頼していた。実際、給与はその通りの金額になっていた。驚いたのは肩書である。銀行ではヒラ社員だったが、鹿沼グループでは課長級の給与水準に当たるという。中小企業と大企業の差を肌身で知った。

さらに衝撃的だったのはこの後だ。

専務から「給与の支払いはずっと遅れているからね」と言われた。「えっ」と聞き返すと「聞いていないの？」と返された。聞いていたら転職しないよ、という言葉が喉まで出かかった。何も知らされないまま鹿沼グループに入ったのは、結果的に良かったのかもしれない。

初日ということで案内役を務めてくれた足利銀行の安野さんの指示通り4階に行った。そこは幼い頃、父に会いに来たときに見た懐かしい秘書室があるフロアだった。経営企画室は秘書室の隣にあった。6畳くらいの部屋にスチール机が4つ並んでいた。

しばらくすると、秘書室の女性がやってきた。幼い頃に頻繁にお会いした人で、お互いによく覚えていた。そしてもう1人、秘書室兼営業担当の常務が来た。この人も父との付き合いが長く、父が病気で倒れた後も病室や自宅に来てくれたのでよく知っていた。初老の紳士だが、身長が高く恰幅もよく、迫力があった。

挨拶をしている間に、経営企画室の室長であり、私の上司にあたる別井さんがやってきた。別井さんは足利銀行からの出向者で、経営再建チームのリーダーだという。本来であれば事前にお会いしておくべきだったのだが、そんな余裕もなくこの日が初対面だった。

年齢は55歳、大宮支店長を経て、鹿沼グループに来たという。本店や旗艦店での職務を歴任し、銀行内では「ベツイカッター」と言われるほどの切れ者だという噂だった。鹿沼グループは足利銀行の不良債権先だったので、相応の人物が送り込まれたのだろう。

別井さんは銀行から「手弁当」で、つまり所属先は銀行であり、給与も銀行が担うという条件で鹿沼グループに送り込まれていた。言い換えれば、銀行への往復切符を持って鹿沼グループを再建するためにやってきたということだ。

一方、私は銀行を退職し、片道切符で来ている。戻る場所がある人が「この会社を再建する」と言っても誰も付いてこない。鹿沼グループ再建に身を投じるために銀行を辞めて来た、というストーリーを持つ人が必要であり、それが私だったのだ。

別井さんと一緒に、総務担当常務であるAさんのところへ挨拶に行った。

京橋本社はバブル期に地上げを行い、小さなビルを継ぎ足してはビルの間を違法な通路でつないだ結果、大きな迷路のようになっていた。どこにどの部署があるのか分からないような造りは債権者から逃げるには最適だが、組織の一体感を生むには最悪である。風通しの悪さはタコツボ化した本社の構造にも表れていた。

総務部は半地下の穴倉のような場所にあった。スーツを腕まくりしたA常務が満面の笑みで迎えてくれた。「こっち、こっち」と手招きされてソファに座った。A常務には幼い頃にお会いしたことがあり、その顔を何となく覚えていた。別井さんの話では、A常務が今回の再建計画における鹿沼グループ側の責任者だということだった。同郷ということで父にかわいがられ、若くして役員に昇進した人物だった。

A常務はドカッとソファに腰をおろし、両肘を大きく広げ、肘掛けに乗せていた。A常務の社内での評判はとにかく悪かった。父も病床で「あいつには近寄ってはいけない」と言っていた。当時の私には意味が分からなかったが、後になってその理由を知ることになる。

総務部のメンバーである田保さんと近藤さんの2人にも挨拶をした。面白いことに、この部署の人は2人とも、A常務と同じくワイシャツの手首のボタンを外し、腕まくりをしていた。しかし、その顔には覇気がなかった。特に近藤さんの印象は最悪だった。若いのに偉そうで、挨拶すらできない人だった。実は、この近藤さんこそがゆくゆく命を懸けて再生業務に協力してくれることになるのだが、このときはそんなことを微塵も感じられなかった。

京橋の本社には100人以上の社員がいた。各部署に挨拶をして回ったが、誰が誰だか分からない。せっせと名刺は交換したが、常に違和感があった。役員がやけに多かったし、みんな新聞や雑誌を読んでいた。経営の危機にあるという雰囲気は皆無で、緩慢な空気が会社全体を支配していた。自分たちのせいではない。すべて社長のせいだ。その社長の息子が来たところで何ができるのだ。そう思っていたのだろう。足利銀行の手先だと思った役員も多かったはずだ。身内ではなく完全に外様、アウェーのアウトサイダーだった。

正直、もっと歓迎されると思っていた。自分だって、意を決して銀行を辞めてきたのだ。「よく来てくれましたね」くらい言ってくれてもいいのではないか。そんな思いが沸々と湧いたが、本社では経営企画室は部外者集団であり、社員からは色眼鏡で見られていた。

挨拶回りが終わって経営企画室に戻ると、別井さんからランチに誘われた。別井さんは私より

1カ月早く入社していた。「東京にはおいしい店がたくさんあって、東京駅の地下街にランチに行くのが唯一の楽しみだ」と言っていた。

2人で京橋から東京駅まで歩き、八重洲地下街にある「はなの舞」に入った。大衆的な海鮮居酒屋だ。「今日くらいはいいでしょ」と別井さんに促されて、昼から瓶ビールで乾杯した。これが私の入社式兼歓迎会だった。「1カ月、1人で寂しかったですよ、秘書さんが入れてくれるお茶だけが楽しみでね」。そんな話をした。

別井さんは足利銀行の頭取から直々に鹿沼グループ行きを命じられてやってきたこと、私が入社を決断したことで経営企画室が動き出したことなどを教えてくれた。そして間もなく足利銀行からもう1人、サブバンクから1人が経営企画室に参加し、いよいよ本格的に動き出せるということだった。別井さんにおごってもらった居酒屋の寿司と、たった2人のささやかな入社式は一生忘れない。

後に聞いたのだが、別井さんは銀行の頭取室で出向を命じられた瞬間、「自分の銀行員生活はこれで終わった」とものすごくショックを受けたという。いざ出向してみると、最初の1カ月間で会社の実態が見えてしまい、頭取に「こんな会社は潰したほうがいいですよ」と進言したそうだ。しかし私に会ったとき、「この人ならと思った」のだと打ち明けてくれた。

別井さんも私も、思いがけない新たな人生の舞台で孤軍奮闘していた。そしてこの後、別井さんとは20年にわたり文字通りの戦友となるのだった。

傲慢経営

私が入社し数日が経過した頃、ようやく経営企画室のメンバーが揃った。室長の別井さん、足利銀行から次長としてやってきた板垣さん、サブバンクから送り込まれた次長、そして私。この4人で鹿沼グループの再建を担うことになった。全員が銀行員、または銀行出身者である。

板垣さんは40歳くらいで身長は180センチ近くあり、ガッチリした大柄な人だった。当時からインターネットやパソコンに強く、表計算ソフトなどを使いこなしていた。正義感が強く、理不尽なことがあると口に出して怒る人だった。一方、板垣さんより5歳年上のサブバンク次長は表情や態度から穏やかさがにじみ出ているような人で、余計なことを言わず、話をよく聞き、慎重かつ実直に行動するタイプだった。いつもノートにメモを取っていた。

サブバンクの役員からは「うちのエースが行きますから」と言われていた。送り込まれた人材を見れば、鹿沼グループの債権に対して銀行が本気なのかどうかが分かる。別井さんと板垣さんはいつも本気で熱かった。この後、チームとして共に働くなかで、2人の本気度がより一層分かるようになっていく。

スチール机が並ぶ殺風景な部屋で、肩を寄せ合うようにしながら経営企画室の仕事が始まった。開口一番、室長の別井さんは「4人の間で隠し事はなしにしましょう」と言った。実際、銀行に提出する報告資料なども私に閲覧させてくれた。私の家系図も全員に共有された。そのとき初めて私に母親が違う弟がいることを知った。一瞬、目の前が真っ暗になった。

私に5歳上の腹違いの兄がいることは知っていた。兄の存在を知ったのは、父が脳梗塞で倒れて入院した病院でのことだった。ある日、鹿沼グループの関係者に連れられてその兄が病院にやってきた。母が対応したのだが、当然「あなたは誰ですか」というやり取りになったと聞いた。私が病室に着いたときには兄はすでに帰っていて、母が父を詰問していた。父はベッドに寝たまま、泣きながら「おまえたちと一緒になる前の家族なんだ」などと説明していた。母は以前から薄々勘づいていたようだが、私は何も知らなかった。

とはいえ私も30歳近かったので、努めて平静を保とうとした。兄は私より年上だし、母と知り合う前にいろいろあったのだろうと余裕ぶった気持ちでいた。

しかし、まさか腹違いの弟もいたとは……。何より驚いたのは、その人の誕生日だ。私の1つ下、つまり1971年だったのである。「おまえたちと一緒になる前の家族」ではなく、「同時並行の家族」だったということか。父に騙された……。強い憤りを感じた。

怒りに任せて部屋を出て、A常務のところへ駆け込んだ。「これは何なんですか！」。そうぶちまけて会社を出た。行くあてもないので1人映画館に入り、トム・ハンクス主演の『プライベート・ライアン』を観た。血なまぐさい映画で、さらに鬱屈とした気分になった。

その日、私が早退したことを知ってA常務は、別井さんに「範治が逃げたらどうするんだ」と烈火のごとく怒ったそうだ。しっかり管理しろと命じられるとは、逃げ場のない戦国時代の人質のようなものだ。翌日は何事もなかったかのように出社したが、新たな事実にショックを受けて早退するほど、私には知らないことが多かった（ちなみにこの15年後、私には腹違いの5歳下の妹がいることも判明した）。

鹿沼グループの柱はゴルフ場の経営だ。私たち経営企画室メンバーは現場であるゴルフ場に挨拶をして回った。各コースにはA常務が同行した。初めて鹿沼カントリー倶楽部を訪れたときの光景は忘れられない。一番歴史があり、一番稼いでいる45ホールの巨大ゴルフ場。資金繰りも業者への支払いも順調だった。そして「社長以外には協力しない」という剛の強い支配人をはじめ、ありとあらゆる抵抗勢力が揃っていた。

応接室で、私たちと鹿沼カントリー倶楽部の社員が机を挟んで向かい合った。こちらはA常務以下、経営企画室の面々。あちらは支配人以下、各部門の所属長が10人。名刺を渡したが相手からの名刺はない。ソファに座って腕組みしたベテラン勢の表情からは「おまえたちは何しに来たんだ」というメッセージが伝わってきた。

人は「攻撃される」と思うと自分を守ろうとする。自分たちの権限や利益を守ろうとするほど、抵抗心が強く働く。そう考えれば、彼らの態度も至極当然のことだった。だが、そのときは「この人たちに協力する気はあるのか」と腹立たしかった。しかし、末席にいた私には何を語ることもできなかった。そもそも、鹿沼カントリー倶楽部の人々は、父の正妻のことを「姉さん」と呼んで慕っていた。非嫡出子の私ではダメなのだ。そんなことすら当時の私は気づいていなかった。

時を同じくして、社内アンケートを実施することになった。4つのゴルフ場、本社、営業事務所、関連会社に勤務する計382人の正社員に対して記名式で行った。質問は「あなたは現在の職場に満足していますか」から始まる計10問。回答は選択式で、フリー回答欄も設けた。このアンケートを全社員に配布し、回収し、結果をまとめるのが私の初仕事であった。

回答結果は衝撃的だった。「現在の職場に満足していない」と答えた人は382人中の281人。「分からない」と答えた人も含めると、約8割の正社員が満足していなかった。「改善するにあたって行動を起こそうと思いますか」という質問は、7割が「思わない」と答えた。何よりひどかったのはフリー回答欄である。半数近くの人がさまざまな内容を書き込んでいた。それらの多くが叱咤激励、いや、見方によっては罵詈《ばり》雑言だった。

夜中に1人でアンケート用紙に書かれている文字をパソコンに打ち込んだ。黙々と作業を続けるうち、その内容が見るに耐えなくなっていった。「私利私欲、職権乱用の役員、自分だけ生き残ることを考えて後継者を作らずとは」「放漫経営のため、役員同士の意思疎通はなく、ただ経営者にゴマすりをしているだけが現状だ」――。

尊敬していた父が経営を続けた結果、社員たちはこのように感じているのか。「経営者を信用できない」とも書かれていた。正社員の8割が満足していない職場で再建などできるのだろうか。そもそも、この会社を再建する必要があるのだろうか。そんなことまで考えた。

しかし、そんなコメントの中にも、未来に一筋の光明が差し込むようなコメントがあった。そこには経営企画室がこれからやるべきことが数多く記されていた。

「売り上げ目標から利益の目標に変える。資産の圧縮、不採算事業からの撤退、本社機能のゴルフ場移転、ゴルフ場の組織体制の見直し。社員の若年・パート・女子化、特定客・業者との関係清算。役員には責任を持った行動力のある人が入ってほしい」

今見直してみても、メッセージに書かれた内容は的確であった。

このコメントの書き手は入社5年目の若手社員だった。彼は国立大学を卒業後、ゴルフ場の開発をする企業だと信じ込んで鹿沼グループに入社したものの、開発など行われることもなくゴルフ場のフロント業務を担当していた。彼は冷静に会社を見ていた。私と同世代の社員にも会社を変えようと思っている人がいることに心を打たれた。

「当経営企画室にあなたは何を期待しますか」という質問に対しては、１９９人が「権限を持って会社の改善を図ってほしい」と回答していた。社内に充満している不満に風穴を開けなくてはならない。このアンケート結果は社員からのメッセージであり、自分たちの存在意義を確認するきっかけになった。

何かを成そうとするとき、最も大切なのは目的である。意義を腹の奥底に据えて進むから胆力がつくのだ。経営企画室のスタート段階でこの調査に関われたことは、その後の私の胆力につながった。同世代の社員が書いたメッセージは今も大切に取ってある。そしてこのときの若者は今、役員としてゴルフ場を統括している。

「貴殿の行いは慟哭の極みなり」

私が入社してから動き始めた「経営改善中期計画」は、資産売却から着手した。経営企画室では、会社が多数所有している不動産や絵画を売却すれば、かなりの負債を削減できると考えていた。そこで売却を進めるために徹底的に資産の調査と検証を実施した。

不動産はすべて実査することに決め、4人でさまざまな場所へ赴いた。「なぜここにこの土地を持っているのか」。こう問われても誰にも説明できない土地が多々あった。そして、調べてみるとほとんどが売却益を期待できない土地だった。それでも本業に関係のない不動産はすべて売却しなければならない。二束三文とはいえ、売れる土地から売りまくった。

絵画はさらにひどかった。人員削減を進める上で、銀行から役員退職金に充当する資金の融資を受けるには、すべての絵画を担保に入れることが条件になっていた。そこで、足利銀行経由でオークションハウスのクリスティーズを呼んで査定をしてもらった。壁に立てかけた絵画を、クリスティーズの担当者がブラックライトを当てながら調べていく。エスティメートという、オークションにかける単価を算出するためだ。それが担保価格のベースになる。

結果は、多くの絵画でエスティメートが出せないという事態になった。真贋不明ということである。銀行側は、絵画については数億円以上の価値があると見越していたようだが、その目論見は幻になろうとしていた。

後になって分かるのだが、足利銀行は数年前から経営企画室の設置を、つまり鹿沼グループを銀行管理下にすべく出向者の受け入れを父に要請していた。だが、父はその要請をのらりくらりとかわしていた。父が倒れた日は、出向者受け入れの返答期限の前日だった。父が追い詰められていた理由は、給料日のプレッシャーに加えて銀行からのプレッシャーもあったのだ。あのとき父が倒れなければ経営企画室は生まれなかった。言い方が適切ではないかもしれないが、そういう意味では、父が倒れたのは必然だったのかもしれない。

経営改善中期計画のもう1つの柱は役員定年制の導入だった。当時、取締役と名のつく人が56人もいた。働いていない親戚もいたし、部長クラスの取締役もたくさんいた。その役員を減らすことで組織が活性化し、資金繰りも変わる。「魔法のような施策だ」と聞かされた。

この役員定年制を導入すべく動いたのがA常務だった。役員規程を策定し、自分より年上の役員に退職金を支払って辞めてもらう。そして自分を中心に新たな役員体制を構築し、会社を再建していくというのが、A常務が描いたストーリーだった。

銀行サイドもこの計画に賛同していた。だが、よくよく話を聞いてみると、退職金の上限はなんと2000万円だという。経営危機にある中小企業としては信じられない金額だった。私は「高すぎる」と別井さんに進言したが、「規程ができていて、今さら変えられないらしい」という答えが返ってきた。A常務とも話したが、「仕方ない」と言う。

そもそも役員定年制の導入が、経営再建の目玉政策と呼べるのかという点も疑問だったが、これが私にとって初めての戦いの場になった。ある役員は、退職金を振り込んだ後も出社しているという。直接理由を尋ねると、「『おまえは特別だから残ってくれ』と社長に言われている」。

そこに親戚の役員がやってきて、「範治、こいつは残せ」と加担してくる。入社してわずか3カ月の私には、誰が必要かなど分からない。だが、私には使命感があった。この人だけを特別扱いすることはできないと考え、申し出を断った。そして「父のところに一緒に行こう」と提案し、本人、親戚の役員、私、父の4人で話し合いの席を設けた。

私が車いすの父に、「残ってもらうと言ったの？」と話しかけると、父は何も答えない。そんな父に、本人と親戚の役員は必死の形相で「社長、残れと言ってくれましたよね！」と訴えかける。それでも父は頭を抱えたまま全く答えない。

そんなやり取りがしばらく続き、私は「もう出ましょう」と言った。本人はうなだれた様子で「裏切られた」といったようなことを口にしたが、観念したようだった。一方、怒ったのは親戚の役員だ。私を応援してくれるはずの人だったが、これを機に袂を分かつことになった。

そしてもう1人、定年退職に強く抵抗した人がいた。関連会社の役員を務めていた人だ。関連会社とはいえ、赤字会社で役員にも経営責任があると認定し、銀行とも協議の上で退職金を支払わないことを決めた。そのことを私から伝えると、代理人役を務めていると思しき元役員から、激しい口調で憤りを綴った手紙が次から次へと届いた。

「貴殿の行いは慟哭の極みなり」と題された文章を読んで、怒りと悲しみが湧いた。「とにかく退職金を払え」という内容の文章に対して、辞書を調べて、言葉を間違えないようにと必死になりながら返信を書いた。弁護士に依頼するといった手立ても思いつかなかったので、とにかく手紙を返すほかなかった。退職する役員からの反発に不思議と力が湧いた。「負けられない」と思った。若さゆえの正義感に突き動かされていた。

同じ頃、グループ全体の部長クラスが集まり、再建のためのプロジェクトを立ち上げることになった。京橋本社の大きな部屋に、本部の各部署と各ゴルフ場から役職者が20人ほど集まった。別井さんの挨拶に続いて、一人ひとりから現状などを聞かせてもらう予定だった。

だが開始早々、本社の預託金償還部長のBさんが突然立ち上がり、エキセントリックな演説を始めた。自分が担当している預託金償還業務がいかに大変か、この会社のどこがダメかを、身振り手振りを交えながら大きな声で独演し続けた。

最後は経営企画室の板垣さんが「もうやめろ」と止めてくれた。私にとって鹿沼グループ入社後初めての会議だったが、ひどい会議だった。そして彼の独演をその場で止める勇気がなかった自分が情けなくて、嫌気が差した。

結局、部長クラスのプロジェクトは立ち消えとなり、会議もこの1回きりだった。従業員が800人以上いる組織でありながら一事が万事、このような状況だった。ヒト・モノ・カネ、すべてが改善レベルでは追いつかない状況であり、経営改善中期計画は有名無実化した。そして会社は破綻に向かって急な坂道を下っていく。いや、実際にはこのときすでに会社は破綻していた。

隠れ借入金

私が入社した時点で、すでに私の給与は遅配していた。私は結婚したばかりだったが、給与口座を預けてという妻に抵抗した。いつ入るか分からない給与の口座を預けると不安にさせると思ったからだ。25日には大抵、入金はなく、翌月10日過ぎから20日までの間に入金された。もちろん経営企画室でも給与遅配は認識していたが、4人のメンバーのうち、私以外は銀行から出向している。銀行としても、資金を出すことすらままならない状況では、うかつにこの話題には触れられない。もっと言えば、3人の給与は派遣元の銀行から振り込まれているので、彼らには関係のない話だった。

企業が給与の遅配をするというのは最後の手段であり、赤信号を超えている。聞くと、数年前から本社の管理職以上はこういう状況だったという。皆、よく会社を辞めないなと思った。給与の遅配を最終段階とすれば、本社管轄の取引銀行への利払いや元金払いもほとんどできていない状況だった。税金の滞納も相当額になっていた。税金の延滞税は当時14・7%。毎月雪だるま式に増えていた。経営企画室のメンバーも、ここまでひどいとは認識していなかったようだった。

実態を目の当たりにして、「この資金繰り状況はただ事ではない」と資料を作る手が震えた。ゴルフ場や関連事業の状況も徐々に見えてきた。ゴルフ場は独自に経理・会計を行っており、各コースの支配人の判断で支払いをしていた。本社に送金しろと社長に言われれば、決められた額を送金する。金銭的に余裕があれば、本社に支払った後の現金を取引先や銀行などに送ることができるが、余裕がなければ本社の要請を優先し、その他の支払いを止めている状況だった。幸い、ゴルフ場の社員の給与遅配はなかったが、コースごとに取引業者、税務署、社会保険事務所などへの支払いは滞り始めていた。

とはいえ、コースによって違いはあった。鹿沼カントリー倶楽部は、その収益力と支配人の経営手腕ですべて支払っていたし、社長の依頼以外では資金を動かさなかった。おそらく、父も鹿沼カントリーには遠慮して無理を言えなかったのだろう。その他のコースは社長が無理を言えたからか、はたまた収益性が低かったからか、さまざまな支払いが滞っていた。中には取引業者にお金を借りているコースもあったし、支配人が会社に貸し付けているケースもあった。社会保険料を1年以上も滞納したり、半年以上も支払っていない取引先もあったりした。

管理状況もひどかった。グループ全体の資金繰りは社長の頭の中だけにあった。誰も資金繰り表を見たことはなかったし、総務担当役員も、本社の経理部長たちも、ゴルフ場の支配人や経理部長も、誰もグループ全体の実態は知らなかった。

そこで資金繰り表を作り、支払い状況をグループ全体でまとめて、見える化した。出来上がった資料を見て、衝撃を受けた。未払金をすべて清算し、毎月の支払いを正常に実施するには何十億円という金額が必要になるという試算だった。

対人関係が問題の場合、目の前で起きた事件には正面からぶつかり対処しなくてはならない。しかし、お金の問題は何ともできない。自分の財布では当然賄えないし、経営企画室や金融機関サイドも手の打ちようがない。父にも個人的なお金は全くなかった。保険すら解約していたほどだ。困窮状態を再認識し、「とんでもない会社に入ってしまった」と正直後悔した。

この日から実質3年間、私は友人に会えなくなった。特に銀行時代の友人とは連絡も取らなくなった。会えば「そっちはどう？」と聞かれる。この惨めな状況を話すことなどできないと、卑屈な気持ちだった。

まもなく1人目の子どもが生まれる予定だったし、自分のお金のことも心配だった。転職を考えた瞬間もあった。日本経済新聞の求職欄で「金融機関経験者募集　35歳まで」というコピーを時折眺めた。もしものときは……と考えることで気を紛らわしていたのかもしれない。だが、実際にはこの経営危機にどっぷりと浸かっていくことになる。

金融機関への対応は経営企画室が一括で行うことにした。当時、メイン銀行だった足利銀行とサブバンクの両行から合計で約450億円の借り入れがあった。それ以外にも複数の金融機関から約100億円を借り入れていた。

それぞれの金融機関を経営企画室のメンバーで行脚することになった。経営改善中期計画を持参し、「このように経営改善します」と伝えるが、各行とも計画の内容になど全く興味を示さない。溜まっている元金や利息をいつ払うのか。その一点張りである。

さらに「足利銀行はメインバンクとしてどのように支援するのか」などと逆質問される状況だった。足利銀行から出向している別井さんが「こうして人も出して支援している」と答えれば、「資金のことですよ」と返される。

元銀行員だった私には、銀行の言い分も分かる気がした。そして、貸す立場から借りる立場になり、父に代わって銀行に頭を下げ続けることのつらさを味わった。別井さんも一緒に頭を下げてくれた。銀行員が他の銀行に頭を下げるというのは屈辱的なことだっただろう。

社内の人間にも、足利銀行の責任を問うような空気があった。

「銀行も貸しすぎたのだ。だから責任がある」と。私はそうは思わなかった。借りたのは私たちであり、社長だ。そして私も、その恩恵を受けて、いい生活を送らせてもらった。ラグビーも経験したし、友人もたくさん得られた。

借りたお金を払えなくなった。悪いのは自分たちである。いい思いをした分、頭を下げるのは当然だと感じた。

とはいえ、ある銀行では不良債権先に認定されていたため、カメラのついた特別室のような場所で面談された。整理回収機構での扱いはもっとひどかった。特別回収室に送られた私たちは、「おまえ」呼ばわりの恫喝に近い尋問を受けた。私たちにも人権はある。「バカにするな!」と叫びたい思いで、悔しくて泣いた。

税金の滞納も続いた。東京都管轄の源泉税や消費税まで滞納し、累積額が一定額を超えたので京橋税務署から東京国税局に送られた。14・7%の延滞税がどんどん加算されていった。税務署対応は経理部長が行っていたが、それも許されなくなった。

こうした状況下で、さらに追い打ちをかける事実が発覚した。父と関係の深い人からの借財だった。父の署名と、ゴルフ場2社の連帯保証が入った公正証書が出てきた。6億円借りているということだった。

ある幹部に事情を聞くと、「その人には気をつけなくてはいけない。社長も大切にしていた人だ。6億円のうち5億円が未払いとなっており、早急に返済をしなくてはいけない」といった話を聞かされた。返すといっても金はない。対応策を検討し、幹部からその人に対して分割での支払いを依頼してもらうことになった。毎月、2000万円の返済に加えて利息分の500万円、合計2500万円を支払う。約束手形を25枚切った。支払えなければ不渡りになる。しかし、それしか道はなかった。

こんな資金繰りでどうして事業を継続できたのか。それは現金商売だったからだ。入ってくる現金をうまく振り分けていく。入ってくる額は限られているので優先順位をつけてお金を振り分けるのだが、そこでは支払い先との交渉が重要だ。わずかの金額でも支払いを続けていく。「ある時払い」のような形だが、誰にも弓を引かせないように粘り強く交渉する。それしか方法はなかった。

経営再建後、「資金繰りに追われて心を病まなかったのですか」と聞かれたことがある。病むことはなかった。もしかすると、私には病む暇すらなかったのかもしれない。

代表取締役副社長

すでに資金的に破綻している状況ではあったが、現金商売であることが幸いし、現金のやり繰りによって毎月ギリギリ、難を逃れていた。しかし、予期せぬ借金弁済(約束手形)や、税務署や社会保険事務所からのたび重なる督促、金融機関からの内容証明による取り立てなど立て続けに支払いに追われ、さらにきつい状況が続いていた。

経営改善中期計画を開始した後、役員退職金を支払い、定年制を実行した。しかし人件費削減効果はわずかだった。売り上げは前年を下回り続け、１カ月もたつと、にっちもさっちもいかなくなった。資金繰りを詳細にまとめた表を作成したところ、８月末日には給与の支払いどころか、事業継続に必要な電気代すら賄えないことが発覚した。もちろん、前述の約束手形も落とせない。手形不渡り、つまり事実上の倒産が一気に現実味を帯びた。

一方、社内はというと、Ａ常務や経理部長たちは「最後は足利銀行が何とかするだろう」くらいのゆるい雰囲気だった。経営企画室内では侃々諤々《かんかんがくがく》の議論が交わされた。

正義感の強い板垣さんに至っては、役員から退職金を返してもらおうと言ってきた。当然ながら社長の個人資産、鹿沼市楡木や宇都宮、東京の青葉台といった父の各家族の家もすべて売却し、現金化しようという話も出た。私も頭の中では真っ当だと思いつつ、母や兄弟の顔が脳内にちらつき、内心複雑な気持ちだった。公私の区別は難しい。

社内で議論したところでお金は生まれない。状況を打開すべく、私たちは足利銀行本店に向かった。足利銀行にとって、鹿沼グループは頭取直轄の特別案件だったこともあり、打ち合わせはいつも大きな役員室で行われた。

担当の副頭取、融資部長や本店営業部長など主要幹部がずらりと並ぶなかで状況を報告し、対応策について議論した。別井さんが「福島課長はどう思う?」と話を振ってくれたので、28歳の若造ながら副頭取に「もっと抜本的な改革が必要です」と回答した。

その後も足利銀行本店には何度も訪問した。

そして副頭取の「さらなる痛みを伴う改革」「会社も血を流してくれ」という意見を形にすることになった。すでに提出してあった経営改善中期計画では痛みが足りない。新たな再建計画の策定を条件に、金融支援を検討してもらうようお願いした。

8月のキャッシュアウトまで残り数カ月に迫ったタイミングで、改めて計画を作り始めた。経営改善中期計画は総務部が絵を描いたものだが、今回は経営企画室主導で一から策定することになった。私も計画策定に参加した。

資金繰り表や収支計画など、毎晩遅くまで残って資料を作成した。定型の社内資料が満足に揃わない会社だったので、各ゴルフ場や本社の経理、総務部門に至るまで、ありとあらゆる部門に依頼し、提出してもらった資料を一つひとつ精査しながら作成にあたった。

不動産の調査なども再度実施し、骨太の計画を作ろうと燃えていた。こんなときは、時間が過ぎるのが早い。手を動かしているとあっという間に夜になった。感覚が麻痺し、ハイになるような感覚もあった。理由はよく分からない。目の前に迫った危機への焦りや怖さを突き抜け、これから起きる予測不可能な事態への好奇心だったのだろうか。

この時点での1年間の収支不足額は14億円。不足分をどう賄うのかが最大の課題である。「血を流す」を具体化するため、まずは人件費の削減に踏み込んだ。割増退職金を用意して希望退職を募るなどという悠長な手段はとれないので、全社員の給与カットを決定した。月給は一般社員から役員まで5~30%の幅でカットし、55歳以上の社員はさらに30%カットとした。併せて全社員の賞与も停止することに決めた。最大で年収4割以上の給与カットだ。

また、京橋、六本木、大宮の3カ所で約80人近くが働いていた会員権営業部門を1つに統合することにした。部署の統廃合や大規模な人事異動を実施することで人員削減も見込んだ。社会保険料の組み替えによる保険料カットという裏技も活用した。メインバンク以外の金融機関への元本返済停止(リスケ)や賃貸物件の営業事務所の閉鎖、各仕入れコストの削減、そしてペン1本の文房具購買規制に至るまで、ありとあらゆる経費削減策を組み込んで数字を作った。

不採算の関連会社などはすべて売却・清算し、本業であるゴルフ場に集中することも決めた。父が創業してから虎の子のように大切にしてきた京橋本社も売却を決断した。社内には売却に否定的な声も多かった。「売ったところで二束三文、賃貸では家賃もかかる」と。

しかし、再建案の本気度を示すには象徴的な対策も必要だ。ゴルフ場にとっては、京橋本社というのは不要なものの象徴だった。

京橋の本社には社長室があった。父は絵を描く趣味があり、アトリエ付きの社長室は父の大事な居場所だった。脳梗塞で倒れてからは右手が不自由になり、絵画は描けなくなっていたが、使い古されたアトリエを見ると、そこに父がいるような気がした。アトリエを眺めながら、ここで家族の絵を描いてくれていたのかなと思うこともあった。

父は夜遅くまで自宅に帰ってこなかったし、ここに1人でいる時間を大切にしていたと思うと切なさもあった。だが、会社存続のためには決断しなくてはならない。これらの策によって年間9億円を削減し、足利銀行とサブバンクから支援を受ければ収支をプラスに持っていける。そんな計画を立て、不渡りを回避しようとした。

計画の実施には実行力が不可欠である。計画を実行し成果を出すのは組織であり、組織にはリーダーが必要だ。この局面で私は大きな決断を迫られることになった。

鹿沼グループの再建案を確実なものにし、銀行からの信用を担保するために足利銀行が出した条件は、私が代表取締役副社長に就任することだった。

取締役は半分に削減し、私のリーダーシップを強化する。本社業務は財務経理、総務人事、ゴルフ場事業、営業部に絞り込み、各部に担当常務を配置し、集団指導体制を通じて経営を盤石にする。経理や人事部門はシステム化によって縮小し、経営企画室は副社長直轄にして私が経営全般の統制を行う。これが組織改革の概要だった。

組織改革といっても、そもそも組織の体を成していない会社だ。この改革は、社長を中心とした長年のワンマン体制から組織経営へと舵を切ることを意味していた。

代表制度については、共同代表ではなく単独代表の1人として私も代表印を持ち、経営を進めていくよう約束した。要は改革のリーダーになれということだった。鹿沼グループに入社して8カ月、29歳になろうかというときだった。

代表者になったらもう逃げられないし、日経新聞の転職欄など読んでもいられない。棺桶に片足だけ突っ込んでいたような状況から、両足を突っ込んで身を沈めるような感覚を抱いた。

しかし、今回は悩むという感覚は全くなかった。悩むよりも純粋にやりたい、やるしかないと思った。こう思えた理由を振り返ると、勉強していたからだと思う。この頃、人生で一番本を読んだ。お金がないなかで、コンサルタントも雇えないしセミナーにも行けない。誰も教えてくれない。それなら自ら学ぶほかない。経営や再建のための本を読みあさった。経営に対する恐怖心が私を勉強へと誘った。勉強とは、自分と向き合う1人の時間だ。読んで、読んで、考える。このサイクルが代表取締役に向かう決意を後押ししてくれた。

このとき以来、私は1000冊以上の本を読んできた。そして、勉強はその後のコーチングとの出合いや、さまざまな経営者との出会いに導いてくれた。

謝罪という「初仕事」

鹿沼グループ再建案を実行に移す上での最大の難関は給与カットだった。しかし、これはやるしかない。各事業所で説明会を実施するために、A常務と副社長の私で各ゴルフ場を回ることにした。それぞれのゴルフ場に100人近い社員を集めてもらい、再建計画の概要と給与カットについて説明する予定だった。

栃木ヶ丘ゴルフ倶楽部からスタートした。取締役だった支配人はすでに退職金を受け取って不在にしており、営業部長や課長クラスが主体となって営業を続けていた。

説明会の開始時間は夕方に設定した。早めにゴルフ場に着くとA常務がいないことに気がついた。近くにいた社員に確認すると、ゴルフをしているという。私には意味が分からなかった。こんな大切な話をするときに、なぜゴルフをしていられるのだろうか。自分は緊張で胸が張り裂けそうなのに、何を考えているのか。

プレー後、スーツに着替えてきたA常務に「今日は参加しなくていいです」と告げた。自分はもう副社長だ。20歳以上年上の古参幹部であり、再建チームの中心的立場を担う役員とはいえ、言わなくてはならないと勇気を持って伝えた。

するとＡ常務は私に「よろしく頼むわ」と言い、経理担当社員の肩をポンポンとたたいて帰っていった。先の思いやられるスタートだったが、自分がやらなくてはいけないという覚悟を高めてくれた出来事でもあった。

その後は私が中心となり、富士御殿場ゴルフ倶楽部、鹿沼72カントリークラブ、鹿沼カントリー倶楽部と本社、営業部を回った。副社長としての最初の仕事が、社員への謝罪だった。社員に対して給与カットをしなくてはならないことを謝った。

「このような事態となり、大変申し訳ありません。どうかご理解ください」と深く頭を下げた。何百人もの罪のない社員を見ていると、副社長としての責任を痛感し、痛恨の極みだった。

「グループで相当額の負債があり、資金繰りが大変厳しく、皆さんの雇用を守るために……」と丁寧に説明したが、ほとんどの社員が「私には関係ない」と思っていたことだろう。

ゴルフ場の来場者数はピーク時よりは下がってきていたものの、それでも栃木県内や御殿場地区でトップクラスだった。こんなに混んでいるのに、なぜ給与をカットされるのか。誰もが不信感を抱いている様子だった。

一方、組織体制の変更に対する反応は全く違った。先述のアンケートの通り、各ゴルフ場では不満が渦巻いていた。そんななか、私が副社長に就任し、役員の大半が退任する。ゴルフ場では人事異動を行い、組織体制を変える。本社ビルや不採算事業も売却し、ゴルフ場事業に集中する。これらの方針を発表したところ、鹿沼72カントリークラブと栃木ヶ丘ゴルフ倶楽部で思いがけず拍手が起きた。

鹿沼72カントリークラブでは「副社長頑張れ!」と一部のキャディーさんからエールが飛んだ。このときの説明会のことは忘れられない。キャディーさんの休憩室は畳張りの広間だった。100人以上の社員が集まり、熱気にあふれていた。話をしただけなのに、自分では何かが変わったような気がした。暗闇の中に見えたかすかな光だった。嬉しかった。

1人でも応援してくれる人がいることが、危機を乗り越える原動力になる。人は、自分のためより、誰かのために動くほうが強い。

鹿沼カントリー倶楽部での反応は逆だった。鹿沼カントリー倶楽部はグループの旗艦店であり、最も稼いでいた。賞与もしっかり支払い、取引業者への滞納もなかった。社員たちは被害者感覚に陥っていた。そもそも説明会には、支配人すら参加していなかった。

鹿沼の支配人は常務取締役だった秋沢(三郎)さんだった。父の高校の後輩で、高校卒業後は山一證券に就職し、実績を積んだのちに実家のある鹿沼に戻り、鹿沼グループに入社した人物だ。経理出身でお金に強い支配人という評判だった。A常務が「最も信頼できる役員だ」と話していたので、今回の組織変更でも要となる財務経理本部の担当常務に異動してもらう予定にしていた。

そこで辞令を持参して会いに行ったが、秋沢常務は会社を辞めると言ってきた。「社長から聞いていない」「東京には行かない」、最後には「あんたがやればいい」と、会社を辞めるの一点張り。A常務に相談しても「なら、いいんじゃない」という感じで、私の判断に委ねられてしまった。

その後、秋沢常務は会社に出てこなくなってしまったため、自宅に伺った。1度目は門前払いだったが、2度目には「まあ上がって」と言われた。通された部屋には父が描いた絵が4枚あった。その絵を一つひとつ見ながら、どんな時にもらったのか、自分がいかに社長に大切にされてきたのかを訥々《とつとつ》と話してくれた。父の人の動かし方が垣間見えたような気がした。

だが結局、ここでも了解を得られなかった。私はさらに粘った。3度目に訪問したとき、再び「まあ上がって」と言われて、ビールをご馳走になった。そして秋沢常務は唐突に「東京に行くよ」と言った。三顧の礼だった。嬉しいというよりホッとした。

最初の役員体制すら固まらなければ、副社長としての責任を果たせないと思っていた。ここまで粘ったのは、ひとえに私の勘だった。この勘が後に生きてくる。秋沢常務は物事から逃げない人だった。以後、経理の中心として再建を支えてもらうことになる。

一方、富士御殿場ゴルフ倶楽部の専務取締役総支配人の今橋さんとは袂を分かつことになってしまった。富士御殿場ゴルフ倶楽部は、父が唯一、私を連れていったことがあるゴルフ場だった。

総支配人の今橋さんは母の義兄だったし、場所も東京に近く、どこか身内感覚を抱いていた。今橋さんは、私が経営企画室に参加していることや副社長になることに疑問を呈した。

「御殿場に来い。俺がゴルフ場経営のことを教えてやる。ここに住んでゼロから学べ。グループ全体のことは見なくていい。栃木は借金が多いから関わるな」。これが今橋さんの言い分だった。

確かに、富士御殿場ゴルフ倶楽部を経営しているサンユウ産業の金融機関への借金は一ケタ少なかったし、私も株主の1人に名を連ねていた。「すでに御殿場に家を用意してあるから、ここに住めばいい」とも言われた。

おそらく今橋さんは、父から「息子を頼む」と言われていたのだろう。悩まなかったかと言えばウソになるが、足利銀行との約束もあり、この申し出は断った。すると今橋さんは怒ってしまった。取締役を退任し顧問に就任してもらったが、間もなくして「辞める」と言ってきた。そして「金を返してほしい」となった。今橋さんは富士御殿場ゴルフ倶楽部に資金を貸し付けていた。だが、返せる資金はない。分割払いで了承を得たが、今橋さんは去っていった。

ちなみに今橋さんと再会したのはそれから6、7年後、今橋さんの兄にあたる伯父の葬式の席だった。民事再生を終えた私に対して「よく頑張ったな」と褒めてくれた。

再建案を実行するなかでは、語り尽くせぬほどのドラマがあった。何人もの取締役に退任してもらったし、多くの社員に呼び出されて一対一で面談した。人に痛みを強いることや、人事異動が簡単ではないことを知った。この簡単ではないことができないと周囲に認めてもらえない。

これらの動きと並行して、足利銀行も再建のために支援してくれた。足利銀行のおかげで1999年8月末の決算における不渡りを回避し、倒産を免れた。あのとき倒産していたら今の鹿沼グループはない。

再建は手段である。手段には目的がある。何のために再建するのか。A常務に「うちの経営理念って何ですか?」と聞くと、「金儲けだよ」と笑いながら返ってきた。

この頃から経営理念が必要だと思い始めていた。いつの日か、いい経営理念を作りたい。そのときを夢見ながら、目の前の厳しい現実の橋を歩いていった。

「おまえが自分で直せ!」

京橋がある東京都中央区は、上場企業の本社地都内ランキングでベスト3に入る場所だ。特に昭和の時代、会社を成功させ、いつか自社ビルを持ちたいと思うのは経営者の夢の1つだっただろう。当社もそうだった。京橋の本社ビルは父の最も大切な資産だった。

その本社ビルを離れる時がやってきた。幼い頃、私が何回か遊びに来た本社は、まだ4階建ての小さなビルだった。小さなビルの大きな部屋に父はいた。そこには大きな机と大きないすがあった。「うちのパパは社長なんだ」と初めて自覚したのが、この本社ビルの社長室だった。

バブル期になり、小さかった本社はいつの間にか大きくなっていた。父は本社ビルの周りの建物を次から次へと買い足していった。当然、自己資金だけでは買えない。すべての資金が銀行からの借り入れによって賄われた。

土地の値段が高騰し、借金が資産価値のように言われていた時代だ。本社周辺の不動産の購入は銀行からの持ち込み案件であり、融資付きの土地売買という形で進んでいった。小さな本社ビルを中心に、買い足したビルを廊下でつなぎ合わせていく。違法建築を繰り返してできた本社ビル群は、まるで迷路のようだった。

本社ビルに関わる借入金は100億円に上り、金融機関の数も10行を超えるなど複雑な担保状況だった。本社ビルの売却には各金融機関も賛成だった。しかし、問題は売却価格と各行の取り分だ。最終的な売却可能額は10億円程度にしかならなかった。つまり、売却してもビル取得に関連する借金は完済できない。残額は弁済を続けていくしかない状況だった。

取り分のない銀行にはハンコ代という担保抹消手続き費用を支払い、合意してもらった。いわゆる不良債権問題であり、これこそがバブル後、多くの企業が陥った借金地獄の実態だった。父の計画では、買い足したビルをすべて取り壊し、新たに1つのビルを開発するつもりだったようだが、バブル崩壊とともに借金だけが残ったということだ。

売却決定を受けて本社の移転先を探した。この時点で、東京の本社に80人近くが所属していた。そのため、いったんは本社機能を東京に残すこととし、千代田区神田にある賃貸ビルを借りた。京橋、大宮、六本木にあった会員権販売の営業部は神田新本社に集約し、経理関連の各部門や総務、経営企画室や役員の机に至るまで、すべて一体となる広いワンフロアにした。私は、この本社売却を機に社内の風通しをよくしようと試みた。しかし、この移転は風通しが良くなる以上に、仕事をしていない人があぶりだされる結果となる。

この頃から、預託金償還部のB部長の横暴が目立ち始めた。すべての償還に応じていると資金が回らないので、先延ばしや分割払いを会員にのんでもらっていた。誰もがやりたがらない預託金償還業務をしているという意識からか、自分が会社を支えているのだという発言が増し、社内でもアンタッチャブルな存在になっていた。

正直、私も苦手だった。報告があると私のところにやってきて、返済額を半額に抑えて会社に貢献したといった話を1時間近く聞かされた。最後には、「今夜は飲みに行きたい」とゴネる。彼の代わりはいないと思い込み、自分の財布から飲み代を渡したりした。

本社移転の際、このB部長とぶつかった。社員に対して初めて私がキレたのだ。事の発端は些細なことだった。移転後、本社で朝礼をすることにした。その1回目のときに、いきなり「副社長、何ですか！この席は！」と、B部長が引っ越し後の自席の位置について大声で不満を述べた。私はすぐに彼の席まで行った。

するとと、自分の座る席が狭いと、これ見よがしに皆に聞こえるように訴えた。このB部長の一言で、それまで「冷静にしないといけない」と抑えていた感情が崩れた。私は興奮し、「おまえが自分で直せ！」と机に拳をたたきつけて怒鳴った。副社長といっても29歳、相手は50過ぎのベテランだ。なめられてはいけないという気持ち以上に、なめられている自分が悔しかった。

特定の社員に依存してはいけない。この人しかできない仕事などあってはならない。それが会社組織なのだ。キレたことで得た気づきがその後、聖域になっていた預託金償還部、そして資金確保のために無理に会員権募集を続けるという2つの悪習を振り切る決断につながっていく。

この頃、売却したものがもう1つあった。「六本木VIVI」である。スポーツジムの中にゴルフレンジやプール、サウナがあり、クラブラウンジも併設した複合型の会員制倶楽部だった。私にとって、六本木VIVIはキラキラしていた時代の象徴だった。おいしいステーキやステージのバンド、テラスのプール。幼い頃の思い出が詰まった場所だったが、会社再建の視点から見るとVIVIはすでに廃れていた。

経費の関係で使えなくなったプールは掃除もままならない状況で、昔は最先端だったジムも古い器具が並ぶ場所と化していた。会員数も著しく減少しており、常にゴルフ場から家賃や人件費などの赤字分を補填しているような状況だった。

ゴルフ場から見るとお荷物のように思われていたＶＩＶＩだったが、少しだけ時代が早かったのだと思う。１９７２年にオープンしたこの施設はスポーツジムの先駆け的な存在だったし、ゴルフ場の会員が都内でコミュニティーを持てるというのはいいアイデアだと今でも思う。昨今のサウナブームを思えば、潜在的な需要はあったのかもしれない。しかし、時代の先を行きすぎても成功しない。狙うべきは半歩先くらいだったのだろう。

昔から知っている社員がいたし、家族で過ごした大切な場所でもある。閉鎖を決断するのはつらかった。それでも踏ん張ってくれたのが、当時の支配人と副支配人だった。

彼らはＶＩＶＩに愛着があった。12ページにおよぶ改善提案書を書いて提出してくるほどだった。さらに、営業を継承してくれる会社も見つけてきた。銀座で飲食店などを経営している会社だった。賃貸契約も社員も継承してくれるという条件に我々は飛びついた。

会員債権は当社が負い、運営は同社が行うという契約に調印し、ビル側にも了解を取って、運営委託という名の実質的な営業譲渡を行った。しかし、契約後もさまざまな費用を求められた。断るとＶＩＶＩから出ていくという。その態度も日に日に変わっていった。

同社の社長に呼び出され、喫茶店で交渉した。相手の要望をのんでしまいたくなったが、お金がないのでできない。交渉を繰り返した後、正式に継承できた。新生ＶＩＶＩはサウナ付きカプセルホテルに変わり、しばらくしてプールはテラスレストランに変わった。

営業譲渡の社員説明会では、最後まで残っていた社員にフロアに集まってもらい、私から話をした。些少であったが退職金を支払い、希望する人は残れるということも伝えた。皆がうつむくなか、支配人だけは丁寧に挨拶をしてくれた。小さな頃からお世話になっていた人だ。

心からの謝辞を述べて握手した。温厚な支配人が「副社長も頑張ってください」と言ってくれたことに救われた。副支配人も鹿沼グループを辞めてＶＩＶＩに移籍することになった。結果として両名が新生ＶＩＶＩのリーダーになったが、その後の２人の去就は分からない。

潰れたほうがいい会社

本社ビルやＶＩＶＩ事業の売却という大きな案件と同時並行で、小さくとも改革に不可欠な施策も次から次へと実行した。

事業所ごとに手計算で行っていた給与計算や経理処理はＩＴ化した。手書きやワープロで作成していた統計資料などもフォーマットを統一し、パソコンで集計するようにした。事務的な業務が増えたこともあり、足利銀行から3人目の出向者が課長として送り込まれた。ITに強いメンバーの加入で事務業務は進化を遂げた。

本業の改善も実施することになった。だが、大きく売り上げを伸ばす手段がなかった。当時はゴルフ場の破綻ラッシュで、大手ゴルフ場がゴールドマン・サックスを母体とするアコーディアや、ローンスターを母体としたPGMなど外資系企業に軒並み買収されていった。

私たちの近隣にあるゴルフ場の破綻も相次ぎ、経営者が次々に替わっていく。ゴルフ場の再生といってもコースはそのままで、新たなサービスを打ち出すわけでもなく、単に値下げを敢行していくなかでの顧客獲得競争だった。

競争は激化し、売り上げを伸ばすには客数を追い続けるしかない。日銭が必要な私たちも、資金繰りのためにクレーム覚悟で客数を増やし、値下げを敢行することで集客していた。

一方、会員退会者が相次ぎ、年会費収入は減少の一途をたどっていた。預託金の償還申請ばかりが増加した。資金繰りに追われるなか、できることといえばコストダウンである。ゴルフ場の取引業者に値下げ依頼書を一斉送信した。何百という業者にファクスを送った。いや、一方的に送りつけたというほうが正しいかもしれない。

「下げなければ、違う業者に替える」という依頼書を作るのは簡単だが、対応は大変だった。

長年協力してきたという自負がある各業者は反発した。「支払いも遅れているというのに何を考えているんだ」「俺たちがどれだけ鹿沼グループに協力してきたと思っているんだ」。そのような声が相次ぎ、次々に「取引を止める」と連絡してきた。返信用のファクスに「こんな会社は潰れてしまえ」と書かれていることもあった。

業者には担当部長が一件一件、粘り強く丁寧に対応してくれた。彼のきめ細やかな積み上げの結果、取引価格を10％以上下げることに成功し、コスト削減面で大きな成果を挙げた。

ゴルフ場支配人出身の常務も担当していたが、彼はつらかったと思う。それまで取引業者と良い関係を築きながらゴルフ場を運営してきたのに、自分のやってきたことを否定するような仕事だったはずだ。いつしか出社しなくなり、ほどなくして会社を辞めた。

こうして集団指導体制を狙った常務会も徐々に崩壊していった。頼みの綱は財務担当の秋沢常務だけだった。金融機関や税務署との交渉にも逃げずに同伴してくれた。金融機関に対して言うべきことを言ってくれるのも秋沢常務だった。当然、私の中で彼への信頼度が上がっていった。

こうして、副社長として平日は本社を中心に改革関連業務を行い、土日はゴルフ場を回るのが日常になった。休みは年に1日くらいだった。ゴルフ場に行き、各部署に挨拶し、支配人と話す。リーダークラスの人とも話す。アンケートに意見を書いてくれた人の話も聞く。足を運べば運ぶほど、さまざまな問題が浮き彫りになった。

特に人の問題が大きかった。人間関係は間違いなく仕事の成果に影響する。人間関係が破綻している状況を目の当たりにしたことで、スピード感を持って組織を変えていく必要性を痛感した。2000年だけで三度の組織改革を実施し、100人近い社員に人事異動を発令した。大胆に動かさなくてはならないほど組織の危機が迫っていた。問題のある人材は異動させ、課題が大きな組織は解体した。残っていた親戚筋を含め多くの社員が辞めていった。一方、力のある人材は積極的に要職に配した。さらに、意識が高い若手の中からリーダーも輩出した。

気骨のある人材もいた。鹿沼72カントリークラブでキャディーマスターに昇進した鈴木さんもそうだった。ある日、総務部長の秋澤（久）さんから飲み会に誘われた。その席で鈴木さんに「ビジョンが見えない」と毒づかれた。私にしてみれば、説明会などで折に触れて再建計画を伝えてきたつもりなのだが、通じていなかったのだ。

悔しくなった私はその週末、彼のところに飛んでいった。小部屋に入って向き合い、何時間も話し合った。すると「今、2人で対話していること。これがビジョンですよ」というようなことを彼に言われた。ビジョンとは一方的に伝えるものではなく、共に創り上げていくものだとこのときに学んだ。そして、鈴木さんはその後も会社を支えてくれる大切な幹部の1人になった。

組織が大きく変わる時期に支えになったものの1つに、コーチングの存在があった。外出先からの帰りに新橋の書店に立ち寄り、「日経ベンチャー」という雑誌を手に取った。軽い気持ちで誌面をめくったところ、高校時代に家庭教師をしてくれた鈴木（義幸）さんが出ていた。彼はコーチ・トゥエンティワン（現コーチ・エィ）というコーチングの会社を創業者と共に経営していた。

雑誌を買い、彼に電話し、すぐにオフィスにお邪魔してしばらくぶりに再会した。会社で研修費用を出せる状況ではなかったが、当時はコーチングフィーも高額ではなく、個人的に支払えるくらいの金額だったので、その場で「定期的にコーチングしていただきたい」とお願いした。

それから毎週1回、鈴木さんのコーチングを受けることになった。活動結果を報告しフィードバックを受ける。そしてコーチからの問いについて自分で考え、行動する。コーチングを通じて経営、特に人と人との問題についてPDCAを回していった。

それから約18年にわたり、鈴木さんにはコーチとして伴走してもらった。今でも鈴木さんとのコーチングの軌跡を綴ったノートは大切に取ってある。ページを見直すと、当時の自分がいかに必死だったかをありありと感じる。

「経営者は孤独か」と問われれば、答えはイエスである。ただし、孤独の寂しさに追い詰められてしまっては正しい決断ができなくなるし、経営者としての職責を果たせないだろう。一方、孤独を回避し、仲間とワイワイやっているだけでは最後の決断に迷いが生じ得る。孤独を感じることは経営者として必要だ。孤独に正面から向き合うことこそが経営者の責任だと思う。

役員の裏切りと初裁判

「歴史は繰り返す」。昔から言われている名言である。

この頃、私は母から人生を変える1冊の本をもらった。童門冬二氏が書いた『小説 上杉鷹山』だ。当時、私は経営にすぐに役立つ情報を求めてビジネス書やノウハウ本ばかりを読んでいた。歴史小説など手に取ることもなかったが、この本は夢中になって読んだ。そして鷹山を尊敬した。

本の中に、改革の先導者であり鷹山が最も信頼していた竹俣当綱が闇へと落ちていくくだりがある。まさかと言いたくなるような失脚である。かの上杉鷹山でも人に裏切られるのかと思った。そして私の身にも、身近な役員に裏切られるという事件が起きた。

鹿沼グループ再建案における組織改革の柱となったのは、私が代表取締役副社長に就任すること、5人の常務会による集団指導体制を敷くことだった。だが最終的に、常務会はA常務の退任によってわずか1年で崩壊した。

前述したように、常務の中で最も早く退職したのはゴルフ場を担当していた常務だった。後任は財務担当の秋沢常務に担ってもらった。鹿沼カントリー倶楽部の支配人をしていたこともあり、現場の状況に詳しくにらみもきいた。これまで通り、財務面の業務も積極的にこなしてもらった。銀行への訪問には必ず同行してくれるし、不遜な態度を取られても毅然として立ち向かうのが秋沢常務だった。小柄だが、ゴルフ焼けした精悍な顔つきの秋沢常務は、常務会の中でもあっという間にリーダー的存在になった。

営業担当常務は2人。入江常務はトヨタディーラー出身で営業のプロ。30年にわたって鹿沼グループの会員権販売を支えた人物だった。100人近い営業社員を指導していたが肺気腫にかかり、この頃は出社すらおぼつかなくなっていた。酸素ボンベを引きずりながら、小さなダミ声で発言してくれるが、会員権販売の営業自体が先細り、本人も気力を失っていた。もう1人の常務は秘書室兼任の役員で、私は信頼していた。そして件のA常務である。

鹿沼グループ再建案の説明会の日にゴルフをしていたあたりから、私とA常務の間の雲行きが怪しくなっていた。社員の給与カットをする寸前に、自分の部下を昇進させて給与カットを回避しようと画策し、経営企画室の板垣さんと言い合いになったりしていた。

別井さんともよくもめた。あるとき応接室で2人が大げんかし、別井さんがA常務にファイルを投げつけた。私は急いで止めに入ったが、この頃から尋常ではない関係性になっていた。こうなると、相談事は自然と秋沢常務に集まるようになる。金融機関への訪問も、A常務に一応声はかけるが行こうともしない。以前にA常務がいた部屋は、地下室のようで誰からも仕事ぶりを見られることはなかったが、神田の新たな本社はワンフロアで、皆の視線が役員の一挙手一投足へと注がれる。A常務は、やることがなさそうに爪切りをよくしていた。そして事件が発生した。

当時、A常務は総務の仕事の一環として遊休地の売却を担当していた。宇都宮にある遊休地の売却交渉で、その土地に関わっていた父の親族と折衝していた。当然、A常務はこの親族関係者のこともよく知っていた。数回の交渉ののち、先方の言い分を持って帰ってきた。

その内容は、「土地の名義は会社だが、この土地は社長から『自宅を建てて住め』と言われていたので手を加えており、今さら明け渡せない。手切れ金として、物件の費用を含めて1億7000万円を支払え。排除しようとするなら争うつもりだ」というものだった。さらに「社長には今でも入院中に呼び出され、栃木ヶ丘ゴルフ倶楽部の営業権や葬儀についての指示を受けている」という話まで出てきた。そして土地にプレハブを建て、遊休地の売却に抵抗し始めた。

しかし、裏ではもっとショッキングなことが進んでいた。土地の売却交渉でなく、本業であるゴルフ場の売却交渉が進められていたのだ。私の知らないところで父に委任状をもらい、仲介役としてゴルフ場の売却先を探して歩いていた。しかも、その話にはA常務が絡んでいた。

ある日、A常務が「いい話があるから」と、私と経営企画室のメンバー全員を呼んだ。集まった私たちに「ある会社が鹿沼や栃木ヶ丘のゴルフ場を買ってくれる。これで現金が入る。すべてが解決するんだ」とニコニコ顔で報告してきた。私は言葉を失った。別井さんたちも唖然としていた。仮にゴルフ場を売却して現金が入ってきたとして、その後はどうするのか。ゴルフ場という本業であり稼ぎ頭を失って、どうやって会社を再建するというのか。

A常務は一発逆転を狙っていた。しかも今回は、会社ではなく自分自身の一発逆転劇を狙っていた。当然ながら、この話は即座に却下した。そしてすぐに大きな決断をした。

翌週、グループ総務担当だったA常務を会員権償還担当常務にした。新設のポジションで、事実上の解任だ。悩みに悩んだ。A常務は会社の歴史に詳しかったし、経営企画室を立ち上げた頃は一緒に食事をしたりもした。何度も関係性を修復するチャンスはあったはずだ。だが、ゴルフ場の売却に向けて裏で動いていたという事実を受けて信頼関係を失った。

辞令を渡した翌週、A常務は無断欠勤した。その翌日に電話があり「退職したい」と告げられた。出社した本人と対面で話をした。本人からは、退職金だけは支払ってくれと強く要望された。退職金規程は従前のままだったので相当額を支払うことになる。現金がないため分割払いに同意してもらった。そして彼は去っていった。

その後、宇都宮の土地は不動産会社を入れて交渉を進め、どうにか売買が成立した。ホッとしたのも束の間、A常務から突然訴状が届いた。分割で支払っていた退職金だが、2回目を支払ったところで残り全額を一括で支払えという内容だった。分割払いで合意していたにもかかわらず、いきなり訴えられた。そこで、新たに依頼した白井先生という若い弁護士と相談し、正面からA常務と争うことにした。先方の要求に対して、当方としては常務取締役としての責任認定を求め、社員分の退職金は支払うが、役員分は支払わないという訴えを展開した。

私は初めて裁判に出頭し、証人となった。裁判前日は白井先生と夜中までリハーサルをした。先方は「創業者のワンマン企業であり、自分に責任はない」と主張してきたが、最終的には裁判官からの和解案によって話がまとまった。当方の訴えを一部認めてもらい、社員分のみを分割で支払うということで合意した。A常務にとっては納得がいかない結果だったと思う。

A常務に対する気持ちは今も晴れていない。A常務とはその後、一度だけ会った。そして数年前、A常務は他界した。ご子息から連絡があり、生花だけ送らせてもらった。

A常務が一発逆転を狙った背景として、私が彼を追い込んでしまったのも事実である。他に何かできなかったのかと思うこともある。上杉鷹山公も、竹俣当綱に対してそんな思いを持っていたのではないかと、ふと想像する。

一方で、裁判という未知の世界を経験し、それをどうにか乗り越えた私は、経営者として何があっても会社を守るために戦うのだという強い思いを持つようになった。そしてこの訴訟がのちに民事再生を共に乗り越えることになる、白井先生との最初の戦いでもあった。

告発文

１９９７年、都市銀行であった北海道拓殖銀行や四大証券会社の１つだった山一證券が破綻した。いわゆる「平成金融危機」である。１９９１年から２００２年までの間に約１８０もの金融機関が破綻したと言われている。

私が鹿沼グループに入社してから3年が経過した２００１年も、金融機関への対応が荒れに荒れた。１月にはゴルフ場が大雪に見舞われて、資金繰りのめどが立たない状況に追い込まれたが、それ以上に金融機関にも追い詰められた。

この年、リスケ交渉がまとまらなかった富士銀行系の日本抵当証券が、足利銀行と経営企画室長の別井さんを相手に貸金返還請求訴訟を起こした。さらに連帯保証人である父の給与を差し押さえ、揺さぶりをかけてきた。住友銀行は外資系金融機関に債権を譲渡した。

一方、池袋信用組合は破綻し、整理回収機構に債権を譲渡。茨城銀行も国内サービサー（債権回収会社）に債権を譲渡するなど、足利銀行やサブバンク以外の金融機関からも相当追い立てられた。頭を下げながら計画書を作り、交渉へと渡り歩く日々だった。

そんななか、サブバンクからの出向者が銀行に戻ることになった。「後任は出せない」と言う。足利銀行の役員とともに「約束が違う」と役員室に乗り込んでいった。ここで出向者がいなくなると、メインバンクとサブバンクで支援するという枠組みが壊れてしまい、他行とのバランスまで崩れることを懸念した。

サブバンクも渋々了解し、後任がやってきた。眼光鋭い人で、前任とは全く違うタイプだった。担当者が替わったことで、サブバンクのスタンスは足利銀行と協調して金融機関折衝をするというものから、ゴルフ場事業の改善をハンズオンで行うというものに変わった。

一方、足利銀行も出向者交代の時を迎えた。別井さんの後任には福島さん、板垣さんの後任には岡田さんが入ってきた。鋭く切り込んでいくスタイルの別井さんに対して、福島さんは丁寧に内側から物事を進めていく人、岡田さんは合理的かつ冷静に仕事をする銀行マンだった。

人事は組織の意思の表れである。足利銀行とサブバンクが意思を持って選んでくれた3人だったが、この人事によって足利銀行とサブバンクの関係性に変化が生じた。日々の小さな出来事にも両行のスタンスの違いが見て取れた。両行の関係性に不安を抱かずにはいられなかった。

時を同じくして、現場でもさまざまな問題が発生していた。富士御殿場ゴルフ倶楽部では役職定年を迎えたCさんに代わって、新たな支配人が就いた。この支配人は社長のいとこで、最後に残っていた唯一の親戚筋だった。彼は意気揚々と着任し、トップダウンでさまざまな施策を矢継ぎ早に展開した。しかし、支配人交代を良く思っていなかったCさんら一部の社員がこれに抵抗した。富士御殿場ゴルフ倶楽部は借地が7割で、地権者に地代の値下げ交渉を行っていたところだったが、地権者の親族も現場にいたため、かなり抵抗されて交渉は困難を極めた。

こんなこともあった。この年、私はオフサイトミーティングと称して希望者参加型の社内対話集会を企画した。富士御殿場ゴルフ倶楽部の集会には20人ほどが参加していたが、パート社員の1人から副社長の責任問題を追及された。こうなった責任を示すべきだと言うのだ。

そこにいた別の2人が大きな声で皆を煽った。このときはベテランの売店担当女性の「私たちにだって責任があると思うわよ」という一言に助けられた。後日、このような発言を裏で煽っていたのが社内の抵抗勢力だったと判明した。

すると今度は取引銀行に告発文が届いた。さらに、会員を名乗る人物から要望書なるものも送られてきた。証拠はなかったが、内容から抵抗勢力の一部の仕業ではないかと推察した。

そこで支配人と面談し、社内のあり方について何度も話し合いながら改善を依頼し、同時並行でCさんとも話し合った。Cさんとの話し合いは平行線だった。最後は私も覚悟を決めて、「告発するならしてください。何かあったときはもちろん、役員だったCさんにも責任を負っていただきます」と言った。結局、Cさんは会社を辞めていった。

それなりの給与をもらっていた経営幹部が自分の会社を脅かす。こういうことが起きるたび、なぜだろうと自問自答する。思うに、やはりこれも社長の責任である。どうやら父は、Cさんに「いずれは常務にしてやる」と言っていたらしい。そして長年、経理の表も裏も把握できる立場にあった。社員に依存してはいけない。もちろん二重約束もいけない。

予期せぬトラブルはありつつも、社内の変革は確実に進んでいた。経費削減だけでなく、外部講師による初の集合接客研修など、売り上げや利益向上につながる多くの施策に取り組んだ。そんな折、会社に1枚のファクスが流れてきた。そこには「業績で決める給与制度セミナーの参加者募集」とあった。折しも、私は給与を会社の業績に合わせて変動させたいと考え、関連本も読んでいた時期で、早速セミナーに参加した。

これがきっかけで、セミナーの講師を務めていた新経営サービスの山口先生が当社を訪れた。厳しい台所事情を説明し、業績に応じた給与制度に変えたいことなどを伝えた。毎月の入場者や売り上げによって人件費を変動費化できれば、経営や資金繰りが改善するのではないかと安易に考えていた。同席した秋沢常務に至っては、「正社員も時給化し、働いた時間と給与を連動させる制度を導入してはどうか」と質問をしていた。

そんな私たちを、山口先生はこう一喝した。「給与は毎月安定的に支払うべきものです。業績が改善し、賞与が出せるようになってから考えてはどうですか」。山口先生は私と同い年だが、このときは、私よりはるかに年上のように見えた。そして「人事については、業績連動給与の導入より前にやることがあると思います」という山口先生の言葉にハッとした。

こうして山口先生に人事コンサルティングを依頼することとした。山口先生は、計画実行を重視する経営企画室の姿勢に賛同してくれた。当時の鹿沼グループにとって、コンサルティング費用は大きな負担だった。それでも思い切って決断した。山口先生との縁は今も続いている。

こうして平成金融危機に対応しつつ、自分たちの力をしっかりつけて組織を内部から回復させていくことにした。経営再建を持続的な成功への道程とする。そのためには、外科手術から内科治療への移行が不可欠だった。

ゴルフ会員権のジレンマ

日本におけるゴルフ場の歴史を振り返ると、大きく4つの時期に分けることができる。

ゴルフ場が誕生した1901年からの「草創期」。計3回のゴルフブームに支えられながら経済成長の波に乗り、日本各地に2000以上のコースが生まれた「発展期」。バブル崩壊後、預託金問題で多くのゴルフ場が破綻し、外資系企業などに買収された「動乱期」。そしてコロナ禍で再成長の兆しを見せた「再興期」だ。とはいえ、メインプレーヤーである団塊の世代のゴルフ引退が目の前に迫っていることを鑑みると、今は再興期であると同時に衰退期なのかもしれない。

他方、事業定義という観点からこれら4つの期を見ると、発展期のゴルフ場はある意味、不動産業だった。そして、この時期に生まれたのがゴルフ場の会員権である。日本のゴルフ場の約8割は預託金会員制のゴルフ場だ。消費者はゴルフ場に入会金と預託金を支払い会員の権利を得る。この預託金はゴルフ場にとっては債務であり、退会時に返還することになっていた。

だが実際には、どのゴルフ場も返金を想定せずに、預託金をゴルフ場開発の投資資金や運転資金にしていた。会員権はゴルフ会員権市場で流通しており、それらの多くが預託金額より市場相場が高かった。市場で売買している限り、会社が返還を求められることはなかったのだ。

昭和の時代は、誰もがゴルフ場会員権の取得に熱狂し、会員権は売れまくった。当社でも電話が鳴りやまない日が続いたと聞いている。金庫も現金で常にいっぱいだったらしい。だが、これはゴルフ場の利用権を証券（証書）として発行しただけである。

この証券商品が日本中のゴルファーに会員権という資産価値、ゴルフという国民的スポーツレジャー、そしてゴルフ場会員としてのステータスという3つの夢を与えた。しかし、バブル崩壊により預託金の平均相場は90％以上暴落した。相場が額面を下回り、ゴルフ場は預託金返還を迫られ、結果として、その多くが破綻の道を進んでいった。

発展期にゴルフ場経営に進出した父は、100人以上の女性営業社員を抱えて会員権営業部を組織し、会員権を売りまくった。鹿沼グループの発展の歴史は会員権営業に支えられていた。

私が入社した当時、鹿沼グループのゴルフ場のプレー単価は1人1万円ほどだった。一方、会員権は1本売ると少なくとも50万円は入ってくる。顧客1人につき約50倍の収入だ。50万円の収入と言えば聞こえはいいが、預託金証書を発行するので借金を増やすことになる。しかしキャッシュフローは極大化する。営業社員に募集手数料を支払っても相応の収入となった。しかも会計上は負債として計上されるため、税金はかからなかった。

会員権の営業は私が入社したときも続いていた。当時、会員数は鹿沼カントリー倶楽部だけでも2万人を超えていた。公称会員数は5000人なので、その4倍以上の会員がいた計算になる。ゴルフ場が受け入れられるキャパシティーを超えていた。

会員権市場が崩壊すると、預託金の返還請求が相次いだ。当時の鹿沼グループは預託金返還に応じていたので、退会者分を補充するという名目で新規募集を続けていた。預託金償還に応じるといっても、一括では弁済はできず分割支払いでの弁済となる。そうなると、償還請求が続けば続くほど支払い額も増えていく。そして、この弁済資金を補うために新たな会員を募る。

この一連の流れが、私にとっては悩みの種だった。「来場者が多すぎる」と常にクレームを受けているゴルフ場側は会員数の実態を知らない。預託金償還も毎月増加し続けている。償還担当の

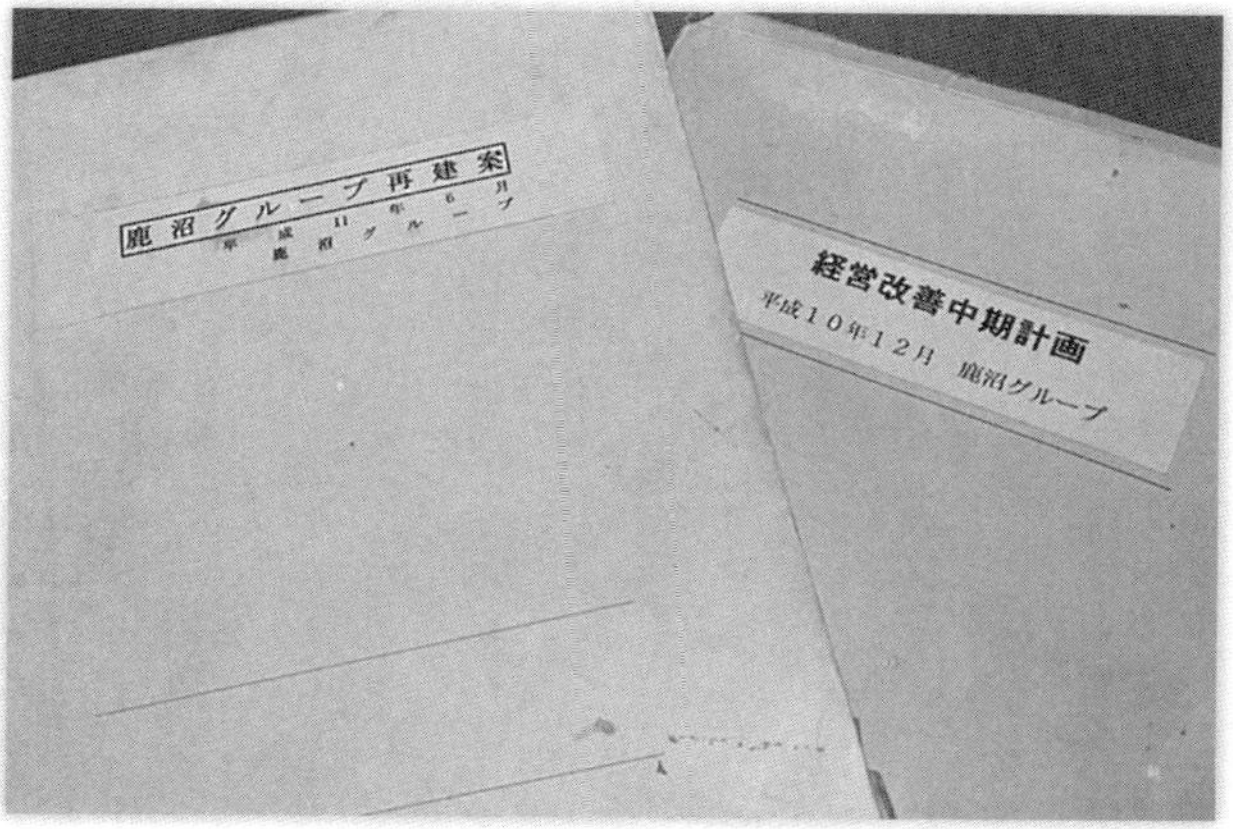

鹿沼グループ入社直後から経営改善中期計画を実行したが、より抜本的な対策を銀行から求められ、経営企画室で新たな再建案をまとめた。当時の資料は大切に保管している

B部長は「償還は俺に任せろ」と叫んでいたが、支払い額は増えるばかり。加えて、会員による預託金返還訴訟も急増した。毎月何件もの訴状が届き、さらなる弁済を迫られた。B部長が当時の顧問弁護士と2人で対処していたが、和解折衝の経過などは十分に把握できないまま、経営側もB部長の言う通りに分割弁済案に合意し、支払いを続けていた。

B部長はますます「自分が会社を支えている」と公言するようになり、横柄な態度が目に余るものとなっていった。社内への悪影響も出ていた。恥ずかしながら、私もB部長にビビッていた。彼がいないと会社が回らない、償還できないと思い込んでいた。

この状況を打破すべく、会員権募集と預託金返還という2つの問題を同時に解決しないとならないと私は考えた。つまり会員権販売を中止し、預託金償還弁済も止める。

事始めに償還体制を変える決断をした。B部長を部長職から外し、組織体制を変えた。鹿沼72カントリークラブの営業部長ではあったものの閑職になっていた善林さんを、東京に引っ張ってきて新部長に抜擢した。関連する会員部（会員権事務手続きを行う部署）の富永さんという部長とも十分に打ち合わせをして、部署を超えた協力体制も整えた。

顧問弁護士を替える必要もあった。この頃、別井さんの紹介で出会ったのが前述の白井先生である。当時38歳、身長180センチの白井先生は見るからに誠実そうな先生だった。A常務との裁判を経て、白井先生に顧問になってもらい償還の対処方法を変えることにした。

この頃、弁済額はすでに月額５０００万円を超え、資金繰りを圧迫していた。この弁済額を減額するために支払い先一覧を作成し、緊急度に応じてA、B、Cに分類し、支払い額の減額や支払い回数を少なくする策を練り上げた。

この内容を盛り込んだ弁済額減額通知を弁済先の会員に一斉送付したところ、予想通りハチの巣をつついたような騒ぎとなった。新償還部長の善林部長を中心に一件一件対応してもらった結果、支払い総額は３分の１以下になり資金繰りは大きく改善した。

B氏がいないがゆえに逆に社内がまとまり、この混乱を乗り切れたのだった。B氏から学んだことは大きかった。経営者が社員に対してビビッてはダメだと痛感した。最後は自分１人でも何とかやってやるという覚悟がないと、改革の決断はできない。

預託金会員権という仕組みはゴルフ業界を大きく変え、業界に発展をもたらした。ゴルフ会員権はまさにイノベーションだった。この制度が多くのゴルファーに夢を与えたのも事実だが、結果としてゴルフ場業界を大きく狂わせ、業界の崩壊をもたらした。

イノベーションが業界の崩壊につながるという皮肉。サービス業への変革が遅れたゴルフ業界は、ここから長期低迷期に入っていく。これもまた「イノベーションのジレンマ」である。

女性営業マンの逆襲

預託金償還体制が大きく変わったのを機に、今度は会員権募集を止める決断をした。これにも組織改革が不可欠だった。社外の会員権業者を仲介会社とし、新規発行した会員権(預託金)で負債が増えていく従来の営業活動から、会員権を売却したい人から欲しい人に売却し、その際に発生する名義書換料という手数料を中心とした仕組みに変えることにした。

しかし名義書換料のみでは、1件当たりの収入は会員権募集によって得られる額の半分以下になってしまう。資金を融通してもらっていた仲介役の社外会員権業者とも縁を切らなければならない。会員権販売の募集手数料、通称「募手《ぼて》」と呼ばれていた営業社員の収入源も断つことになる。道のりは険しかった。

従来の仕組み下では、会員権販売額の10%前後が募手として営業社員個人に配分されていた。いわゆる歩合制で、会員権が値上がりしたバブル期は1本50万円という多額の募手を稼いでいた。2000年代に入ってからも1本5万~10万円で、稼ぐ社員は月に100万円近くの金額を受け取っていた。そのため、会員権募集の見直しは営業社員にとって受け入れ難いものだった。改革に際し、営業部からは「営業マンの生活が成り立たない」といった反発が多数出た。

なかには、直接訴えてきた社員もいた。

ある日、社歴20年以上のベテラン女性社員2人に六本木に呼び出された。当時のベテラン女性営業社員の中には「神セブン」という七人衆がいた。彼女たちは「常に好成績で、社長に最もかわいがられた」と自負していて、発言力が大きく、社内で幅を利かせていた。そのリーダー役2人に「話があるから来てちょうだい」と呼びつけられたのだ。

バブル時代の雰囲気が残る、六本木の「貴奈」という観葉植物に囲まれた喫茶店で説教を受けた。

「あんたね、私たちのこれまでの努力を分かっているわけ?」

「社長にはとても世話になったけど、あんたには世話になっていないし。そもそも社長は何て言っているの?」

終始こんな感じだった。ひたすら頭を下げ続けた。改革に抵抗する理由の多くは個人の事情だ。個人のプライド、個人の収入、個人の感情……。さまざまな事情を抱えた個人が集まり、抵抗勢力という集合体が生まれる。社員個人にとってネガティブな改革となれば、抵抗勢力からの反発は当然起きる。だからこそ、改革は組織改革とセットで行うことが重要なのだ。

会員権営業部には100人近い社員がいた。まずは、会員権販売のボスである会員権営業担当の入江常務に改革への協力を求めた。正直、一番抵抗されると思っていたが、体調を崩していた入江常務は営業体制の見直しと営業部解体にあっさり同意してくれた。そして自ら「退任する」と言ってきた。同時に入江常務が付き合っていた社外の会員権業者との関係も清算した。

こうして営業社員の業務内容、報酬形態、組織の3つをセットで変えた。六本木、神田、大宮と3つの地域にあった営業部は神田の新本社5階に統合し、1つの営業部にした。思い切った統合によって100人以上いた女性営業社員たちは半分以下の30人ほどになった。報酬形態は、募手から名義書換料の手数料収入に変わった。

契約1件ごとの収入額は半額以下になったが、その分を補填するためにゴルフ場の集客業務にあたってもらうことにした。具体的にはゲスト1人につきいくら、という手数料体系にした。この変更に際しては人事コンサルの山口先生の力を貸り、1件あたりの募手は減っても、名義書き換え業務と集客数に貢献すれば、今まで以上の収入になるように報酬体系を設計した。そして休眠中だった関連会社に全員を転籍させ、個人事業主として再出発してもらうことにした。

この方針変更について、営業社員を集めて説明会を行った。真剣に聞いてくれる者もいれば、はなから聞く気のない人たちもいた。寂しい説明会だった。結局、15人が関連会社に移籍し、残る9人は退職の道を選んだ。この間、営業部内は揺れに揺れた。退職する9人も分裂した。これまでの感謝の言葉を述べて退職する人もいれば、納得しないまま退職する人もいた。

そして事件が起きた。4人の社員が突然私の席に来て、「団体交渉申入書」なるものを机の上に置いていった。いわゆる団交の申し込みだった。私は何のことか分からず、すぐさま白井先生に相談し、そこで初めて団交の存在を知った。鹿沼グループには労働組合がなかったため、4人は東京ユニオンという外部組合に入り、その事務局とともに行動を起こしたのだった。

白井先生に同席してもらい、団交の場に出た。「これは不当解雇である。退職金に一時金を上乗せし、一括して支払え」。これが先方の主張だった。

当然ながらのむことはできない。すでに通常の退職金額に同意し、会社の状況を理解した上で分割払いにも応じ、辞めていった人たちもいる。関連会社に移籍し新業務に取り組もうと、意欲的に頑張ってくれている人たちもいる。ここで負けては、その人たちに申し訳が立たない。一部の人たちの「ゴネ得」を認めるわけにはいかないと覚悟し、戦うことにした。

ユニオンの人たちは「副社長さんの時間ももったいないですよ。少しだけでも上乗せして、支払ってしまえばいいのでは」とささやいてくる。一方、こちらは白井先生のバックアップを受けて「納得できないのであれば訴えてください」と主張した。

結局、団交はまとまらず東京都へ訴えられ、都のあっせんを受けることになった。都庁でのあっせんの場でも主張は曲げなかった。彼女たちの要求は、途中から「上乗せはしなくてもいいので、会社が破綻する前に退職金を一括で支払ってほしい」というものに変わっていったが、そこでも私たちは当初の分割予定を変えなかった。

途中から経理部の社員2人も新たに加わり、6人を相手に団交が続いた。毎月都庁に行く日々が1年以上続いたが、最後まで一括弁済には応じなかった。というより資金繰りの面からも応じられなかった。

最後の団交の日、都庁側の担当者から「ここまでよく粘りましたね」と労《ねぎら》われた。都庁に行くたび、新体制のなか頑張ってくれている15人の顔が浮かんだ。ちなみに関連会社での営業推進体制の下、新たにトップに輝いた女性社員の米谷さんは今、鹿沼カントリー倶楽部で総支配人を務めている。彼女はシングルマザーで、生活費を稼ぐために入社したタイミングで組織変更などがあり、その後の人生が大きく変わった。彼女は新体制でも動じることなく踏ん張ってくれた。まさに「人間万事、塞翁が馬」である。何がどう転ぶかは誰にも分からない。

一方、その逆もあった。訴えてきた4人の中の1人には会社からの貸付金があった。退職金では相殺できないので返済を依頼した。トップ営業マンだった彼女は相当稼いでいたと思うが、なぜか会社に借金があった。喫茶店で彼女に会い、返済の依頼をすると「私は訴えるつもりはなかったんです。でも、周りの皆に誘われて仕方なく……」と泣いた。結局、分割で弁済してもらうことに同意した。トップ営業マンだった彼女が今、何をしているかは分からない。

これらの改革を通じて、営業部の総収入は3分の1程度に減収したが、会員権の新規発行を止めたことで会員数の増加は食い止められた。会社の成長を支えてくれた営業部の社員たちには今も感謝している。この改革は、その後の民事再生手続きにおいても大きなポイントだったと思う。併せて、多くの会員を抱えることの意味や重責も改めて強く感じることになる。

「あーやまれ、あーやまれ！」

２００１年、当社が初めて契約したコンサルタント、新経営サービスの山口さんによる人事コンサルティングが始まった。「人事制度プロジェクト」として始まった改革の第一弾は退職金規程の見直しだった。「退職金破綻」が起きることが見えていたので、規程の見直しは不可欠だった。

各ゴルフ場に社員を集めて説明会を開き、退職金規定を変える手続きを取った。説明会は私たちだけで実施しようと思っていたが、山口先生は一緒に説明会に参加し、外部の視点を交えながら当時の会社の状況と、このままの規定でいけば退職金倒産となり、社員の雇用を守れなくなることを客観的、かつ丁寧に説明してくださった。

退職金の見直しに次いで実施したのが、キャディー制度改革だった。当時は国内のほぼすべてのゴルフ場がキャディー付きプレーで、当社にも１００人以上の正社員のキャディーがいた。一方、顧客のトレンドはセルフプレーに移行しつつあった。このような情勢の変化に合わせてキャディーの給与体系を変えることにした。山口先生を交えて、ゴルフ場の総務担当やキャディーマスター、そして経営企画室で詳細を何回も打ち合わせた。

最終的に、正社員として雇用していたキャディーを個人事業主として契約し、ラウンド手当という歩合給の割合を高くするという方針を打ち出した。いったん退職してもらい、会社都合で退職金を支払う。その後は個人事業主として再契約するので、社会保険も国民保険に変更してもらう。歩合給を多くするので、ラウンド回数が増えればキャディーの収入や手取りは増える。自分の努力次第で収入が上がる仕組みである。

この個人事業主化の制度を「プロキャディー制度」と命名し、キャディー向けに説明会を実施した。歩合制に変わると言っても、ラウンド数次第では手取りは増えるので、キャディーからは了承を得られると楽観視していた。栃木県内のキャディー約80人を一堂に集めて、鹿沼72カントリークラブの大きなレストランで説明会を実施した。

だが、これが一筋縄ではいかなかった。私の挨拶に続いて、山口先生が穏やかな口調で説明を始めた。会社の置かれている現状やラウンド数が上がれば収入が増えることなど、制度変更の背景やポイントを丁寧に説明してくれた。しかし、質疑応答に進むと、場の空気が一変した。

まず面食らったのは、キャディーからの質問の多さだった。「国民保険なんて不安がある。手続きはどうするのか」「これからキャディー付きは増えるのか」。事前にキャディーマスターの同意を得ていたので、簡単にいけると思っていた私たちは面食らった。

キャディーが攻撃的な質問をすると、他のキャディーたちが拍手する事態になってしまった。経営企画室も負けじと強気になる。サブバンクの出向者まで声を張り上げて説明を始めた。

あるキャディーが他のキャディーに向かって「ねえ、みんな、会社はいつも私たちにしわ寄せするよね。いつも私たちが割を食うんだよ。こんなの許されないよね。謝ってもらおうよ！」と叫んだ。まさにアジテーターだった。

彼女のこの発言を発端に、どこからともなく「あーやまれ、あーやまれ！」というコールと手拍子が起きた。その場にいる、ほぼ全員のキャディーが手拍子をしながら叫んだ。

私は頭が真っ白になった。何か話そうとマイクを取ろうとしたが、周囲からは「謝ったらダメだよ」と念を押された。頭の中がグルグルしたが、ここは謝るしかないと覚悟を決めた。ただし、謝っても元には戻さない。新制度は実施するしかないのだ。

私は両手でマイクを持ち、会場全体を見渡しながら話し始めた。

「キャディーの皆さん、いつもお支えいただきありがとうございます。このような制度への移行をお願いしなければならない会社の状況にあること、そしてそれが皆さんに不愉快な思いをさせてしまったことについては謝ります。申し訳ありません。しかし、会社を守って、皆さんの雇用を守っていくための決断です。どうかご理解ください」

この瞬間、謝れコールと手拍手が止まった。そして数人がパラパラと拍手してくれた。こうして説明会の「炎上」はどうにか切り抜けられた。

だが、その後も大変だった。契約移行手続きで苦戦し、最終的に31人のキャディーが退職した。分かってもらえなかった。一方、パラパラと拍手してくれたキャディーたちとは新たな関係性が生まれ、「ハッスル会」というゴルフコンペもスタートした。キャディーたちが企画し、私を誘ってくれたのだ。熱燗を片手にゴルフをするという、ゴルフコンペとは名ばかりの飲み会だったが、協力してくれた皆さんとの縁は続いた。今でも私を見かけると遠くから手を振ってくれる。

キャディー制度の改革を経て、いよいよ本丸となる人事制度改革に突入した。

それまで使用していなかった鹿沼市の鹿友会館という場所に本社を移転し、総務や経理部門は大幅に縮小した。経理部はゴルフ場に統合し、本社とゴルフ場で分かれていた勘定を一本化するなど会計体制も変えた。経理や総務の社員の中には鹿沼に移転できない人も多数おり、数十人の社員が退職した。東京ユニオンに加入する者もいたが、私に迷いはなかった。

本丸のゴルフ場も大胆な組織改革を行った。何度目の組織改革だろうか。しかし、再建に向けて変えるべきは変える覚悟で組織改革を進めた。山口先生の指導に従い新たな役職制度を導入し、給与テーブルや人事評価表も初めて策定し、全社で統一した。ゴルフ場社員、調理師、コース管理、プロキャディー、営業職など職種別の賃金制度も導入した。昇格抜擢人事も実施し、ゴルフ場間の異動も進めた。

コース管理部門も栃木3社で統合し、一本化した。作業や資材の共通化や人材の流動化を狙った改革だった。コースメンテナンスを指揮する統括キーパーには、石川さんという信頼の置ける人を抜擢した。併せて鹿沼72カントリークラブの支配人を務めていた誠実、かつ実直な廣田さんに部門マネジメントを依頼し、廣田、石川コンビで3コースを管理する体制にした。

矢継ぎ早の改革を通じて、賞与とまではいかなくても、「モチ代」といった年末の寸志も多少支給できるくらいにまで経営が回復した。金融業界を取り巻く外部環境は悪化していたが、内部改革が着実に成果を生み出しそうな気配が感じられた。そしてここで、父が抱えていた闇と正面から対峙することになる。

父が抱えた経営の「闇」

光と影、太陽と月、陰と陽。

何事にも、目に見える正しい面と目には見えない、見てはいけない負の面がある。改革にも影、つまり闇の部分がある。ある人は、成功という光が強いほど、影という闇が深くなると言っていた。私の父は、成功と社業の発展という30年の間に深い闇を抱え込んでいた。どんな思いで闇に対峙していたのか。経営者として、父の心境に思いを馳せると胸が苦しくなる。

書き残さなくてはならない、経営再建期での闇がいくつかある。その1つが反社会勢力との関係だ。

関連会社に、レストランや会員制倶楽部を経営していたＶＩＶＩがあったことは前述の通りだ。ＶＩＶＩは六本木のほか宇都宮にもあった。宇都宮のＶＩＶＩは栃木県庁近くの6階建てのビルにあった。一棟すべてがＶＩＶＩの所有施設で、各階にレストランやサウナなどがあった。赤字部門だったが、ゴルフ場からのわずかな資金支援で何とかしのぎながら営業を続けていた。

グループ再建のために、この宇都宮ＶＩＶＩを閉鎖し、建物を売却することにした。ＶＩＶＩの支配人は人が良く、一方で何かに悩んでいる様子だった。話を聞いてみると、空気清浄機のリース契約だけは解除できないという。契約先について詳しく聞くと、いわゆる総会屋であり、ゴルフ場で何度かトラブルがあった後に、親族関係者が付き合うようになったのだという。

嫌な予感が的中した。

その空気清浄機を見てみると、かなりの年代物でリース期間を完全に過ぎているようだった。しかし、契約書を確認したところ期間の定めがない。弁護士に確認すると、合意解約という方法を取るほかないという。仕方なく、秋沢常務と2人で契約先企業を訪れた。

東京・新宿の雑居ビルの中にある事務所には社員が10人くらいいた。応接室に通された私たちは社長に挨拶した後、空気清浄機の解約を依頼した。すると案の定、「ふざけるんじゃねーぞ!」と恫喝された。いきなりの罵声に私もひるんだが、資金がないのでリース代を払うにも払えない。開き直るしかなかった。資金がない者の強みである。

諦めずに何回か通ったのち、先方から一時金を支払えば解約に応じると提示された。最後には、先方の社長に「あんたたちもよく通ってきたよ」と褒められた。粘り勝ちだった。解約の合意を交わした日、先方の事務所を出た瞬間に秋沢常務と喜びを分かち合った。暑い夏だった。

そのほかにも、ある雑誌ゴロ(企業の経営内容や役員の不正などに付け込み、広告料や雑誌購読料といった名目で金品を喝取《かつしゅ》する媒体のこと)との付き合いもあった。「父の家庭環境を記事にする」と脅され、長い間、その雑誌社に対して月100万円の広告料を支払っていた。だが、会社の資金繰りが悪化し、支払うことすらままならなくなっていた。そこで役員が交渉し、手切金として100万円を払うことで関係性を清算してもらった。

昭和からバブル期にかけて、反社会勢力との関係は日本企業の最大の問題の1つだった。私自身も、第一勧銀時代に同行が総会屋事件で揺れたとき、取引先にお詫びをして回ったことがある。鹿沼グループの場合も、欲望が父を闇へと誘ってしまったのだろうか。

自宅の売却要請

光の中に闇があるよりも、闇の中にある光のほうが、光を強く感じるような気がする。入社以来、私は長いトンネルの中を先が見えないまま必死に走ってきた。そんなとき、少し希望が見えてきた。最優先課題だった資金繰りの改善である。

給与の遅配が当たり前だった状況から、給与支給日に遅延なく払えるようになってきた。私も薄給ではあったが、遅れずに給与をもらえるようになり、給与支給日前に「今月はどうしよう……」と悩むことがなくなった。

この時期、さらに嬉しいことがあった。元利金の棚上げで弁済猶予してもらっていた足利銀行とサブバンクに弁済ができるようになったことだ。

借入金額に応じて比例的に返済していく「プロラタ方式」に近い形だったが、月末の残金を弁済金に充当した。わずかな額ではあるが、支払いができたときは嬉しかった。１９９９年の代表取締役副社長就任から4年間かけて手掛けてきた改革の成果だった。遠い先まで見通せるようになったわけではなかったが、かすかな光に希望を抱いていた。

一方、外部環境は厳しさを増していた。

サブバンクの対応が目に見えて変化してきた。そして、同行から青葉台にある私たちの自宅を売却してほしいという要請が来た。当時、鹿沼市楡木には社長である父と本妻の住居が、宇都宮市に異母兄の実家である富士見の家が、そして目黒区青葉台に私が生まれ育った自宅があった。うち、銀行の担保に入れていたのは青葉台の自宅だけだった。

銀行サイドは「自宅を売ってくれないと支援を継続できない」と言う。確かに、青葉台の自宅は担保価値が高かったので、売却すれば一定額の弁済はできるだろう。しかし、この家には半身不随の父が住んでいた。しかも、車いすの父が生活しやすいようにと母が自己資金でユニバーサル仕様に改修したばかりだった。父や母のことを思えば抵抗するべきだったかもしれない。

だが、私は売却に応じた。車いすとはいえ、意識はしっかりしていた父に売却のことを話すと、「仕方ねーよ」という反応が返ってきた。一方、母は多額の費用をかけてユニバーサル工事をしたこともあり、「これからどうするのよ」という言葉が返ってきた。銀行と話し合ったところ、住む家は会社で賃貸するといいとのことだったので、母には私と妻、息子、父母の5人で賃貸マンションに住むことを提案した。

転居先を見つけて父母を先に引っ越しさせた後、家のものを片づけ始めた。大きな家で、しかもどちらかと言うと、ものを捨てられない家族だった。私も学生時代に溜め込んだ雑誌やレコードから思い出の服や写真まで、さまざまなものが残っていた。持って行ける量は限られる。たくさん捨てた。最終日の夕方、不用品を山積みしたトラックが家の前の坂道を下っていくのを見送った。青春時代の思い出が詰まった、大好きな我が家との別れであった。

鹿沼グループに対するサブバンクの強硬姿勢は、自宅の売却要請だけでは終わらなかった。出向者の引き上げに続いて、今度は鹿沼カントリー倶楽部の債権をサービサーに売却した。売却先の新興サービサーの責任者は上から目線で指示を出してくる。その様子に辟易とした。

後日談だが、民事再生手続き後にサブバンクの融資担当部長が会社に来た。青葉台の自宅売却を行ったことへの詫びだった。連帯保証人とはいえ、経営者の自宅を取り上げるような行為は慎むべきだったと涙ながらに詫びられた。溜飲は下がったが、失ったものは返ってこない。

外部環境が刻一刻と変化するなか、人事コンサルタントの山口先生から、先生が主催する「経営者大学」という講座へのお誘いを受けた。経営の基礎から人事、財務、マーケティングまで、1年かけて経営全般について学ぶ講座だった。体系的な学びに興味を誘われて参加することにした。自分への投資と割り切って、参加費用は銀行員時代に貯めた預金から支払った。すると山口先生から思わぬプレゼントをいただいた。会場がある京都までの新幹線のグリーン車のチケットだった。1カ月に1回、リフレッシュのつもりで来てくださいとのことだった。

この旅路が大きな転機となった。どこにも行けず必死で戦っていた自分への少しばかりのご褒美だった。私は真剣に講座に向き合った。第3回の講座に「SIP（セルフイノベーションプログラム）」というものがあった。360度アンケートや、過去の生き方を振り返ることを通じて、自分自身の今後のビジョンを作る講座だった。

これが響いた。過去を振り返り、自分自身を見つめて出てきた課題は「被害者意識」だった。「自分が作った借金ではないのに、なぜ頑張らなくてはならないのか」という、それまで気づいていなかったネガティブな感情だった。

「そんな感情を持っているリーダーに、人は付いてきますか」とトレーナーに質問され、「自分がこんな心構えでいたら社員がかわいそうだ」と霧が晴れたかのような気持ちになった。

気持ちが吹っ切れた状態になったとき、これからすべきことを明確化するという課題に取り組んだ。このときに作成したのが「危機管理リスト」だ。

絶対に会社を守る。そのために、「父が死んでしまったら」「社員が大量に辞めてしまったら」「完全にキャッシュアウトしたら」など、あらゆる危機に対応できるように考え抜きながら作成した。加えて「足利銀行の支援がなくなってしまったら」という想定もした。

そして、この想定がのちに現実のものとなる。大きな危機が訪れたときに会社を守ってくれたのは、このときに作った「危機管理リスト」だった。

第3章

民事再生

メインバンクの一時国有化

2003年に入って収支は改善したものの、負債に対する抜本的な解決策が必要なことは分かっていた。そんな折に足利銀行から弁護士の紹介を受けた。テレビによく出ている弁護士だった。紳士的かつ穏やかな先生だったが、結論は「会社を手放しなさい」という話だった。

「収益が出ている今なら、ゴルフ場を売却できる。それぞれのゴルフ場を別々の会社に売却してもいいし、一括でもいい。あなたはまだ若いのだから、負債を1回整理して次の人生に向かいなさい」。今思えば至極まっとうなご意見であり、正論だ。だが、必死になって会社再建にあたっていた私はこの言葉に憤慨し、足利銀行の本部に抗議に行った。

「足銀は私を鹿沼グループに呼んでおいて、ここで会社を売却させたいのか」。やや語気を荒らげながらこう聞くと、足利銀行サイドは「我々にはそういう意図はない。あくまで弁護士の意見だから」と言う。事の真相は分からないが、メインバンクに対してやや疑心暗鬼になった。

足利銀行の内部も大変な時期だっただろう。頭取が交代し、顧客への増資活動も行っていた。行員が一丸となって銀行の再建にあたっていた。私たちが会社再建というフィールドで戦うなか、足利銀行の皆さんもそれ以上に過酷な状況下で戦っていたのだ。

足利銀行の経営状況をめぐる報道は過熱の一途をたどっていた。2003年5月、足利銀行は2期連続赤字決算となったことを発表した。その後、金融庁の業務改善命令を受けると同時に、長期におよぶ金融庁検査が入った。11月に入ると事態は急展開を見せた。金融庁の検査の結果、足利銀行が債務超過に転落したと発表された。そして運命の日を迎える。

11月28日の日本経済新聞朝刊で「足利銀行へ公的資金投入」という記事がスクープされた。翌11月29日、ついに足利銀行の一時国有化（預金保険法102条第1項の3号措置）が発表された。栃木県内に大きな激震が走った。私も体が硬直した。

すぐさま足利銀行本店に向かった。融資担当部長が応対してくれ、「こんなことになってしまって申し訳ない」と頭を下げられた。その姿が胸に響いた。必死で戦ってきたにもかかわらず、抗うことのできない金融庁の決定に対する悔しさが伝わってきた。

当社のほうこそ申し訳ないと思った。一蓮托生という言葉が適当かどうかは分からないが、足利銀行から出向していた別井さんが「潰してしまえ」と言った会社を、ここまで支援してくれたこと、そして鹿沼グループが立ち直るきっかけを与えてくれたことへの感謝の思いだった。思えば、足利銀行の担当者との面談では、いつも「地域のためですから」という言葉をもらった。そんな思いで支えてきてもらったのだ。

いつか自分たちが地域のために恩返しするのだと心に誓い、東京へ戻った。

国有化を受け、出向者2人が足利銀行に戻ることが決まり、経営企画室なき後の体制を考えなくてはならなくなった。それ以上に、自分たちの会社はこの先どうするのか。それが問題だった。経営者大学で作った危機管理リストを取り出し、徹夜で方針をまとめた。まさか、このタイミングで危機管理リストが役に立つとは……。従前から考えていた案をベースに、足利銀行の国有化に伴うフローチャートとグループ各社の対応方針検討表を作った。

足利銀行の国有化が発表された3日後の12月1日、資料を持って白井先生のところへ行った。白井先生は扶桑法律事務所のパートナー弁護士になっていた。同事務所のもう1人のパートナー弁護士である川原先生も同席してくれた。今後の方針を考える上での大前提は企業の再生である。破産や清算はせず、ゴルフ場事業を残す。そのためにしばらく様子を見るか、自ら動くか。この二者択一だった。

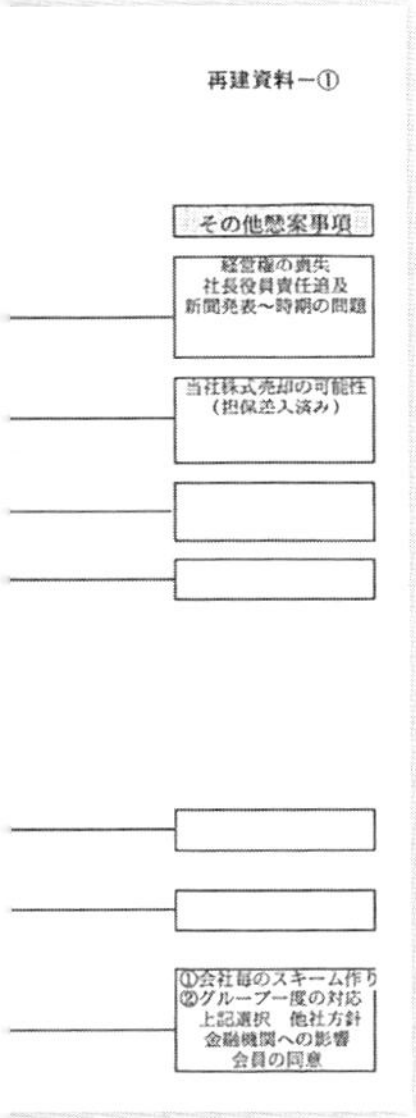

何もせず様子を見た場合、どのような問題が生じるかは明確だった。整理回収機構（RCC）への移管や、猛威を振るっていた外資系スポンサーへの債権売却、債権者からの法的整理申し

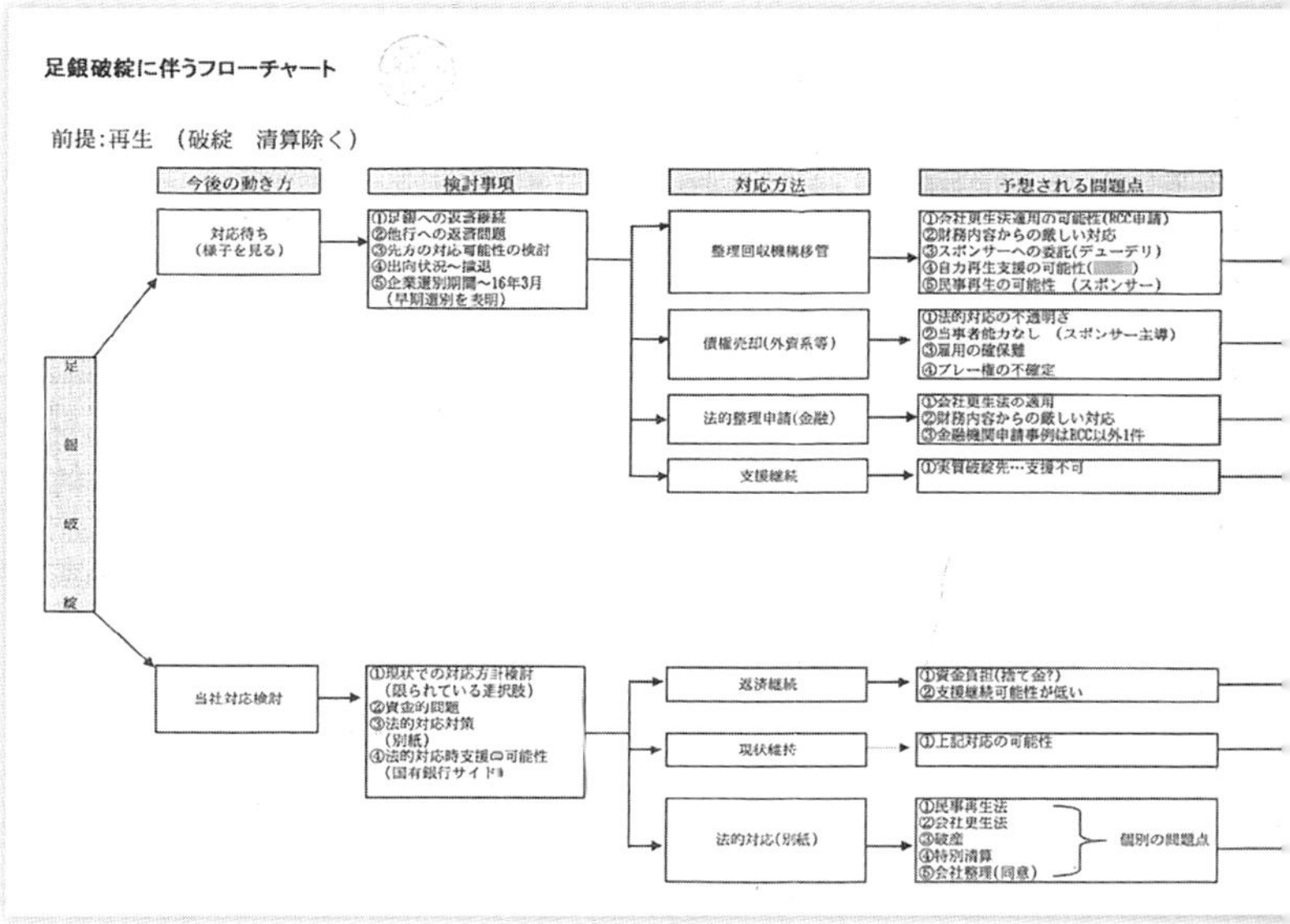

危機管理リストを作成していたおかげで、足利銀行の一時国有化ニュースを受けて迅速な判断を下すことができた

立てなどが想定された。

　一方、自ら動くとなれば現状維持か、自主再建型の法的整理しかない。現状維持を選んだ場合、足利銀行をはじめ各行に返済し続けても、メインバンクの行く末が分からないなかでは捨て金になりかねない。

　加えて、足利銀行が一時国有化されれば、行内で「残す企業」と「捨てる企業」の選別が始まることが想定された。「鹿沼グループは捨てる」となれば、これまでの努力がすべて水の泡になる。その前に打って出るほかない。

　もちろん、自ら法的整理に動

いても足利銀行をはじめ金融機関が支援してくれる保証はないし、会員の支持が得られるかどうかも分からなかった。それでも私は「いける」と思った。

これまで社員とともに茨の道を歩みながら経営再建に取り組み、黒字化を果たし、20％以上の営業利益も上がるようになった。加えて、以前から法的整理の書物に学び、ゴルフ場の再生事例も勉強していた。失敗したらすべてを失うかもしれない。それでも覚悟を決めて乾坤一擲《けんこんいってき》、民事再生法の適用申請をしたいと伝えた。白井先生と川原先生は「分かった。副社長がやるというならやりましょう」と力強く同意してくれた。

私にとって、これは鹿沼グループへの入社を決めたとき以上の大きな決断だった。2人の先生は、民事再生法の適用申請に向けて準備すべき事項を教えてくれた。弁護士を含めたチーム編成に始まり、社内外スタッフの招集、必要資金の準備、収支計画や債権者一覧表などの準備資料の作成――。勉強したつもりでいたが、準備は想像以上に大変だった。法的整理を進める過程では経営責任が大きな焦点になることもこのとき知った。

課題が山積だった。決めたからにはやるしかない。思わず武者震いした。

絶対にうまくいく。いや、むしろ会社が大きく変わるチャンスだと思っていた。ポジティブシンキングといえば聞こえはいいが、私の鈍感さと楽観性がなせる業だった。のちに向き合うことになる苦難や壁など、この時点では想像すらしていなかった。

ドリームチーム、現る

民事再生手続きに向けて白井先生、川原先生との本格的な打ち合わせが始まった。

最初に取り組んだのは弁護士チームの編成だった。勉強不足だった私は、弁護士に専門分野があることをこのとき初めて知った。白井先生は一般民事案件、川原先生は刑事案件が専門だった。川原先生は東京地検出身で、大きな刑事事件を数多く担当しているとのことだった。一方、白井先生は大型の倒産案件は初めてで、両先生とも「このような事件に詳しい『倒産村』の先生が必要だ」との意見だった。

そこで推薦されたのが渡辺弁護士だった。渡辺先生は数多くの倒産事案を扱い、大型案件も担当した実績がある先生だった。白井・川原両先生と渡辺先生は一緒に仕事をしたことがあり、「そのときの渡辺先生のしつこい仕事ぶりが見事だった」と賞賛した。

3人で東京・丸ビルの高層階にある岩田合同法律事務所に出向いた。上がったことのない高層ビルに度肝を抜かれた。面談は窓の大きな応接室で行われた。緊張したが、渡辺先生は穏やかでスマートだった。倒産事案を数多くこなしているとは思えない先生の佇まいに安心感を抱いた。

白井先生と川原先生から経緯を説明してもらったのち、民事再生手続きへの協力をお願いした。穏やかな表情で了解してくれた。「うちみたいな貧乏会社の再生を引き受けていただけるのだろうか」と不安だったが、ゴルフも好きだとのことで少し安心した。

今になって思うと、渡辺先生の存在なくして私たちの民事再生は成立しなかった。この出会いは、神様が引き合わせてくれたと思うほどに運命的だった。白井先生、川原先生に渡辺先生も加わり、手続きに向けて話し合う日々が続いた。

弁護士チームの編成に続いて取り組んだのが、会計士の選定である。知り合いの税理士を推薦してみたが、倒産案件の経験がないとダメだという。そこで、渡辺先生が推薦してくれた公認会計士の末吉先生に参加してもらった。末吉先生は足利銀行から出向していた別井さんと旧知の仲で、私も以前お会いしたことがあった。不思議な縁である。

コアメンバーは揃った。だが、今回の民事再生案件は規模が大きい。弁護士と会計士の数を増やす必要があるということになった。弁護士チームには、渡辺先生とともに倒産事案を数多く担当している市野澤先生が、会計士には、若手で末吉先生と深いつながりを持つ菅井先生が参加した。さらに、渡辺先生、市野澤先生の両事務所から3人の若手の先生がスタッフとして入ってくれた。こうして9人からなる弁護士・会計士チームが編成された。

弁護団長の川原先生は、検察出身とは思えないユーモアのあるムードメーカーだったが、厳しい一面も持ち合わせていた。白井先生は誠実で実直。鹿沼グループのことを最もよく知っていて、困ったときに何でも正直に話せる。いつでも「うんうん」と聞いてくれる。白井先生がチームの中心にいてくれることが何より安心だった。この弁護士・会計士チームは、会社の再生を最後まで信じ、民事再生手続きにおいて力の限りを尽くしてくれた。

専門家チームだけでなく、社内チームも編成しなければならない。渡辺先生から、私のほかに最低2人、極秘裏に動いてもらうため、信頼が置けて事務能力も高い人が必要だと言われた。

そこで、まずは経営企画室の仕事にも関わっていたシステム担当の鈴木（晋）さんに協力を依頼した。債権者数が4万人以上という異例の状況下で、データ分析を含めた手続きの進行面で重要な役割を特命で担ってもらった。鈴木さんは若く、非常時には徹夜も厭わずに骨身を削って働く社員だった。彼の専門性とタフネスが、破綻申請には必要不可欠だった。

もう1人のメンバーをどうするか。そう考えていたとき、思いがけないことが起きた。

私は、民事再生の決断を足利銀行に正直に話した。お世話になった手前、黙っているのは心苦しかったからだ。足利銀行本部は「鹿沼グループ独自の民事再生手続き申し立ての判断について意見を言う立場ではない。イエスともノーとも言えない」ということだった。

本店営業部は融資部長も含めて混乱のさなかにあったが、当社の決断を激励してくれた。さらには「副社長を呼び込んだ責任もあるのに、最後まで一緒に動けず申し訳ない」とまで言ってくれた。そしてこのとき、サプライズとして経営企画室に出向していた岡田次長がしばらく当社の業務を手伝ってくれることになった。「助かった」と心の底から思った。こうして福島、岡田、鈴木の3人がチームを組み、内密に物事を進めていくことになった。

チームが動き始めて間もない頃のメモが残っている。

「再生案件に向けた課題」と題されたB5版の便せんには、当面の課題や私自身の不安が黒字で、その下には赤字で自分なりの回答が記されている。

「可能性の再検討が必要ではないか、もしダメなら破産である→別除権も含めて反対されることも視野に入れておく」

「弁護士・会計士の人柄は→何回も会ってみる」

「弁護士チームが主導、判断は誰がするのか→最終決断は自分でする。我々がやることである」

「本当はどうしたいのか→何が目的か複眼的に考えること」――。

書き出して、自問自答することを通じ、私は自分の役割を認識していった。

このとき、私は自らハンドリングできずにチームが暴走してしまう不安を感じていた。民事再生手続きの実行には弁護士や会計士などの専門家が必要だ。だが、経営するのは私である。会社が主体でなければならない。このメモには、葛藤を抱えながらも経営再建への気概を再確認する当時の自分がいた。

すでに車はハイウェイを高速で走っている状況だった。1人では大型車を高スピードで運転することはできない。力強いナビゲーターがいるからこそ、目的地に一刻も早くたどり着ける。だが、最後まで決してハンドルは離さない。自らの覚悟とチームへのリスペクトを抱くなか、民事再生へのスタートフラッグは大きく振られた。

唯一、ついていい嘘

「勘定合って銭足らず」という言葉がある。黒字なのに現金がない企業のことを皮肉った言葉だ。企業が倒産するのは、赤字ではなく資金に行き詰まるときだ。

しかし、倒産手続きをするにもお金が必要である。負債が大きければ大きいほど、裁判所などに支払う額は大きくなる。民事再生手続きを進める上ではヒトと並行してカネ、つまり準備資金が不可欠だった。

弁護士チームと話し合いながら、まずは民事再生申し立ての時期を決めた。翌年度の2004年3~4月を目標とし、Xデーまでの残高を予想した資金繰り表を策定した。

民事再生手続きで自主再建型を選択した私たちはスポンサー、つまり第三者からの資金提供に頼ることなく手続きを進めなければならない。それにはまず、再生計画を乗り切っていくための資金繰りが重要だった。

当時、会社の収支はすでに黒字化していた。しかし金融機関への弁済や預託金償還など債務の支払い負担が大きく、民事再生法にかかる費用も要る。

申請費用を試算したところ、予納金だけでも5100万円かかることが判明した。加えて、予納郵券（郵便代）が1200万円、会計士費用が1200万円、再生メンバーが使う事務所やパソコン購入などの事務経費が800万円、再生申し立て後に事業を継続するための当面の仕入れ代金が7200万円。合計で1億5600万円もの資金が必要だという数字が出た。

このほかにも多額の不動産鑑定費用がかかりそうだし、弁護士費用もどれくらいになるか分からない。会社の口座にある現金をかき集めても試算総額の5分の1にしかならない。一般的に倒産手続きにはスポンサーが必要だとされる理由はここにもあった。

季節はすでに冬だった。ゴルフ場の営業を頑張りたくても、1月に大雪でも降ったら一発アウトである。先立つものがないと倒産手続きすら取れないというのは皮肉なものだ。やはりスポンサーに頼らないと先に進めないのかと一瞬、思考停止になった。

ここで動いてくれたのが渡辺先生だった。自ら東京地裁に行き、予納金などの事前相談をしてくれた。社名を伏しての内々の協議開始だった。

折衝の結果、鹿沼カントリー倶楽部など4社それぞれが個別申請した場合には合計5100万円かかるが、グループで一括申請すれば監督委員などが1人で済むとの理由から、予納金を総額1500万円に減額してくれた。加えて、現在取引している業者宛ての債権を少額債権扱いとし、業者への支払いを継続できるようにかけ合ってみるとのことだった。

弁護士や会計士の費用も渡辺先生がとりまとめ、先生たちには分割払いを快諾してもらえた。こうした準備を進めるなか、以前会った弁護士がスポンサー型の民事再生を勧めてきた理由がよく理解できた。民事再生が成功しなければ破産しか道がなく、弁護士には成功報酬の保証はない。ましてや分割払いとなれば、さらにリスクが高いはずだ。リスクや成功確率を念頭に置けば、弁護士としてスポンサー型を勧めてもいいはずだった。

しかし、渡辺先生や白井先生はそうではなかった。自主再建したいという私たちの思いを受け止めてくれた。経営努力により黒字化し、自主再建できるという自信はある半面、資金繰りの問題からスタート台に立てないかもしれない。この壁を越えるために渡辺先生は時に淡々と、合理的に話を進めた。これまで出会った民事再生系の弁護士とは全く違った。

どうしてここまでしてくれるのか。御礼の言葉とともに渡辺先生に尋ねた。「民事再生手続きは、あくまで債務者自身が経営を続けることを前提とした法律です。副社長に経営を続ける意思がある限り、その原則に沿って私たちはできる限りのことをします」。

信頼し、身を委ねていくというのはこういうことなのだろう。渡辺先生の誠実な姿勢に信頼が一層増した。思いは行動という結果に表れ、行動は信頼を醸成していく。先生たちの熱い思いに励まされると同時に、先生たちの指導に応えていきたいという思いが強くなった。築き上げられた信頼関係は、私たちが当事者として自律的に動いていくのだという決意に昇華していった。


中立資金のめどは何とか立った。ただ、当面の経営と中立日以降の不測の事態に備えるための資金繰り対策も必要だった。これまでも資金繰りは自転車操業、それも一輪車操業のようなギリギリの状況でやってきた。月末になると、最後は「ごめんなさい」で乗り切ってきた。しかし、今回だけは「ごめんなさい。また来月頑張ります」では許されない。資金が尽きたら破産だ。

不測の事態を避けるためにも中立日までに資金をプールすることになった。まずは、大きな割合を占める金融機関への弁済や預託金の償還という資金支出を止めることにした。冬だったので、ゴルフ場の売り上げが減少したことを理由にしたが、銀行から怪しまれて動揺する自分がいた。

そんな私の心境を見通して、渡辺先生がこう言った。

「副社長、嘘をついていいのです。『法的整理など考えていません』と堂々と言っていいのです。経営者が唯一、ついていい嘘ですから」

ここでも渡辺先生の言葉に背中を押された。したたかに準備を進めるために堂々と嘘をついた。嘘をつくことを通して、再生手続きを成功させたいという思いも強くなった。その場しのぎの嘘ではなく、大きな目的に向けて嘘をつくという行為が自分自身の覚悟を固めてくれた。

その覚悟は社内でも必要だった。預託金償還を止めると会員からの問い合わせが相次いだ。だが、償還部のスタッフにも本当の理由は話せない。我慢してもらいつつ、「民事再生手続きを成功させれば、苦労続きの償還部の仕事を楽にしてやれる」という気持ちも抱いていた。

彼らにはずっと、相次ぐ預託金償還の申し出や訴訟に対し、その場その場で先延ばし対応をさせていた。預託金に関しては、いつかどこかで抜本的に解決しなくてはならないと、誰もが分かっていた。具体的には、債権放棄の解決方法は法的整理しかない。その日が近づいていることも、社内に対して嘘を貫く強さになった。

こうして資金確保という最も大切な準備を進めていった。間違いのないように資金管理を進める一方、中立日を含むXデーを2004年3月31日に確定した。

再生チームが活動する事務所が必要になり、不動産屋に神田周辺で20坪くらいの小さな事務所を探してもらった。どれを見てもピンとくる事務所はなかった。そんなとき、白井先生と川原先生が所属する事務所のエレベーター横に、「空き事務所」と広告が貼ってあるのを見つけた。8階に空室が出たのだという。

直感的に「ここだ」と思った。信頼する白井先生と同じビルで、一つ同じ屋根の下にいるという安心感。この事務所が戦場につながる前線基地となった。

経営者としての「死」

日本では「倒産」は経営者の終わりを意味する。私の友人にも、家族でやっていた事業が倒産した人が何人もいる。その話を聞くたび、家庭崩壊も含めて何もかもを失っていく怖さを覚えた。民事再生も再生型ではあるが、実質的には倒産だ。私は日本における倒産の意味、そして経営者としての「死」の意味を肌で感じるようになる。

新たに借りた事務所を起点に連日、緊張感のある会議が続いた。夜中まで資料を作成し、週末はゴルフ場に行き、資金繰りを含めた指示を出す。これが私の新たな日常になった。

事業再生チームの会議では、弁護士の先生たちが再生手続きや方針などを指導してくれた。私は意識的に、最終的に決断するのは自分なのだという意識を強く持つようにしていた。再生債務者として主体性を持って物事を選択し、決断していると意識することが私にとって重要だった。

そんな私の思いを知ってか、渡辺先生はいつも話し合いの最後に「副社長はどうですか?」と聞き、再生債務者に主体性を与えるという、ＤＩＰ型（取締役が経営権を維持したまま事業の再建を図る手続きのこと）の原則を貫いてくれた。

3月に入り、グループ各社の対応方針が固まった。民事再生手続きの申し立てが、ゴルフ場を運営する3社（鹿沼カントリー倶楽部、東北縦貫開発、栃木ヶ丘ゴルフ倶楽部）と各社共通の会員権を販売する1社の計4社、関連会社の自己破産手続き申し立てが10社、そして代表取締役である福島文雄の自己破産申請である。

最終方針の決定前に私が作成した「再生計画骨子案」という資料がある。基本方針に始まり、弁済計画、会員対応、事業計画、資本対策など項目別にあれこれ記している。そのなかの1つ、経営者責任という項目には「社長・福島文雄は全役職を辞任し、個人破産を申し立て、資産を処分し責任を明確化する」とある。父に破産を認めてもらうという決意の表れだった。

父の破産は、白井先生に民事再生の申し立てを相談したときからの既定路線でもあった。社長として最後まで残ってくれた父に最も大きな責任を取ってもらう。最終決定を前に、私から父に了解をもらう時が近づいていた。

この頃、父はほとんど会社に行かなくなっていた。引っ越し先のマンションで、私の家族や母とともに車いす生活を送っていた。毎日顔を合わせていたが、2人で会話することは少なくなっていた。一緒に暮らし始めた当初は、私が帰宅すると「今日はどうだった？」「お客さん、いっぱい入ったか？」などと聞いてきたが、資金繰りについて父が勝手に経理部長に指示することに対して私が感情的になることもあり、少なからず距離を取ってしまっていた。

父が現役だったときには自宅にほとんどいなかったが、晩年になって車いす生活の父と一緒に暮らすことになるとは不思議なものだ。家にいてほしいときにはおらず、いてほしくないときには父がいる。父の会社に入り、父の実像や会社の現況を知り、父に対して怒りの感情や不満を抱くようにもなっていた。「誰のせいで苦労していると思ってるんだ」。声には出さずとも、心の中でそう毒づいていた。

父との関係性が思わしくないなか、いよいよその日が来た。車いすの父の横に座り、テーブルを用意して話しかけた。

「足銀が国有化し、会社を残すために民事再生という倒産手続きを取らなくてはならない。経営責任を取る必要があるので、社長を辞任してほしい」

ストレートにそう伝えた。聞こえているのか、いないのか。しばらくの間、父は頬づえをつき、じっと目をつぶっていた。畳みかけるように、最も言いにくかったことも伝えた。

「経営者として責任を果たすために、自己破産をしてほしい」

すると父は一言「うん」とだけ言って、委任状にサインをしてくれた。

だがその後、弁護士との会議で父のサインを見せながら報告したところ、渡辺先生から「弁護士が確認しないとダメだね」と言われた。

そこでXデーの前日に当たる3月30日に、白井先生の事務所に父を連れて行った。「もし、ここで父が嫌だと言ったらどうしよう……」。父の去就に一抹の不安を感じていた。

しかし、そんな不安は杞憂だった。白井先生に自己破産の意思を問われた父はかくしゃくとした態度で、いつもよりしっかりとした口調で「先生、よろしくお願いします」と頭を下げた。経営者としての「死」を受け入れた父の姿だった。

民事再生手続きには数え切れないほどの山場があった。最初の、かつ最大ともいえる山場は父の破産だった。経営者として責任を果たすという最も大きな仕事をしてくれたことには、心からの感謝と敬意しかない。父が退任するまでの間、私は自分が経営の厳しい状況を切り盛りしていると勘違いしていた。だが結局、父の存在が私を守ってくれていたのだと気づいた。

私が1歳くらいのとき、アパートに住んでいた当時の写真がある(29ページ掲載)。小さな私が笑顔の父に抱っこされている。

この写真と同じだ。5年間、私は経営者として父の懐で経営をさせてもらっていた。経営者としての父がいなくなったのち、私は経営者の責任の重さを思い知ることになる。自らその重みを実感したとき、私は初めて真の経営者になったのかもしれない。

Xデー

民事再生の申し立てに向けて、債権者に送る資料や社員への指示書の作成、社内の組織体制の構築など準備することは山ほどあった。

Xデーの2週間前に、支配人たちに申し立てをする旨を伝えた。東京駅で待ち合わせし、支配人を連れて渡辺先生の事務所へ行った。渡辺先生の口から民事再生法とは何かを説明してもらった。私からは、自主再建に向けて何よりも支配人の力を借りたいことを力説した。

「足銀が国有化したが、私たちには希望の光が見えている。だからこのままでは終われない、これまでの努力を無駄にしたくない」

思いを込めたつもりだが、どこまで通じたかは分からない。支配人たちの反応はというと、ドラマのように「よーし、副社長やろうぜ！」などとはならず、冷静な顔つきで話を聞いていた。出てきた質問も、取引業者への対応はどうするのかなど現実的な話題に終始した。

経理部長たちにも別途伝えた。資金繰りのつらさから解放されると思ったのか、民事再生の申し立てを知って一様にホッとした顔をしていた。

会員、仕入業者、金融機関それぞれの債権者に宛てた文書も作成した。再生手続き申し立てのお知らせとお詫びから始まる送付物は、かなりの枚数になった。

送付物は父の名前で作成した。「会員の皆様には多大なご心配とご迷惑をおかけいたしますことを心よりお詫びいたします」という書き出しで始まる文書には、日本のゴルフ場業界を取り巻く経済情勢と当社の経営状況、足利銀行をはじめとする取引先金融機関の支援を受けて経営再建に注力し、一定の成果が出てきていたこと、足利銀行の一時国有化によって金融支援が得られない状況となったこと、そして会員のプレー権を確保するためにやむを得ず東京地方裁判所に再生手続き開始の申し立てを行ったことを書いた。

文書の末尾には、社長である父がグループ全社の役職を退任し、自己破産を申し立て、私財は破産管財人のもとで、すべての債権者への配当に充てていくことを約束した。

前半部分は、これまで手掛けてきた経営再建に向けた施策をベースに、自主再建したいという私の思いを代弁した内容だった。会員にしてみれば「経営努力なんて関係ない。とにかく預託金を返せ」と思うだろう。それでもここまでやってきたことだけは伝えたかった。

一方、最後の部分はある意味、父の「退職届」だった。父の、社長としての最後の言葉はお詫びとなった。父はこの後、4月10日付で正式退任した。

債権者に送る資料の準備を着々と進めながら、同時並行で申し立て前日と当日の動きを詳細にまとめた。最も困難が予想されたのは電話応対である。会員数は総勢４万人に上る。怒りに満ちた抗議の電話は相当数になると思われた。「再生推進室」と命名した神田の部屋に電話機を10台以上設置し、ゴルフ場から10人の精鋭を集めた。私が信頼する中堅以上のスタッフたちだ。

前日、再生推進室に集め、翌日に民事再生手続き申請をすること、申し立てに至った経緯、再生推進室が事務局となり、リーダーシップを取っていくこと、電話応対のQ&Aまで一気に説明した。この日まで何も知らされていなかった社員たちだ。最初は鳩が豆鉄砲を食らったような表情をしていたが、徐々に顔つきが変わり、最後には全員が協力を約束してくれた。

渡辺先生のリーダーシップの下、弁護士チームはそれぞれの役割を全うし、有機的につながって動いていた。弁護士は個人業だが、侍のような先生たちが能動的に自分の責任と役割をこなしていく素晴らしいプロ集団だった。このチームの仕事ぶりを目の当たりにできたことは、その後の私自身のリーダーシップ形成にも強い影響を与えた。

必要な準備をすべて整えて３月31日を迎えた。

朝８時に再生推進室に集合した。午前中は応援スタッフを集めて説明会を実施し、待機体制に入った。午後イチで再生推進室の電話工事を行うと同時に、３人の若手弁護士たちが車でゴルフ場に向かった。債権者から資材を守るためだ。

そしていよいよ午後3時に渡辺先生、市野澤先生、私の3人で東京地方裁判所民事第20部（倒産部）へ申し立てに向かった。

ここで初めて監督委員に会った。監督委員とは、裁判所の選任により民事再生事件を管理監督する存在だ。当社の監督委員は三宅・今井・池田法律事務所の今井先生だった。後で分かるのだが、今井先生はかつて吉野家の倒産案件を担当した弁護士だった。

弁護士の世界には「倒産村」というものがあり、倒産事案専門の弁護士が監督委員に選任される。債権額も債権者数も多い大型案件だったため、大物の先生が就任したのである。これが吉と出るか凶と出るか……。その時は疑心暗鬼だった。

申し立て手続きは簡潔で短かった。渡辺先生が事前に協議をしてくれていたこともあり、形式的に淡々と進んだ。再生推進室にいったん戻ったのち、今度は国税局を訪問して経過を報告した。各金融機関にも電話などで申し立ての報告を入れた。ゴルフ場では弁護士立ち合いの下、社員への説明会が行われた。

そんななか、渡辺先生から「夕方にもう一度、監督委員のところへ行くように」と命じられた。資料を届けつつ、コーチングでお世話になった鈴木先生の本で、私の話が掲載されている『心を動かすリーダーシップ』を渡してくるようにと告げられた。

渡辺先生いわく、「読んでもらえるかどうかは分からないけれど、副社長の努力を知ってもらうにはいい本だから」とのことだった。何が相手に影響を与えるか分からない。ダメ元でも、どんな小さなことでも、チャンスにつながるかもしれないことはやってみる。渡辺先生のそんな姿勢が貫かれていた。

正直、このときは懐疑的だった。それでも新宿にある今井先生の事務所に本を持参した。今井先生に趣旨を説明したところ、「はい」と言って受け取ってくれた。読んでくれたかどうかは聞いていない。ただ、後に記すが、再生手続きの終盤に提出された監督委員の報告書を読んだとき、「もしかしたら、今井先生はあの本を読んでくれたのではないか」と感じた。本を渡す。そんな小さなことが、大事な場面で大きな変化を起こしてくれたのかもしれない。

「来るべき時が来た」

前日の静かな申し立てから一転、翌日から再生推進室は戦禍の前線基地のようになった。

4月1日の下野新聞朝刊の一面には「鹿沼グループ再生法申請」という見出しが躍った。下野新聞は栃木県に唯一残る地方紙だ。栃木県内でのシェアも高く、地域経済への影響力はすさまじかった。記事のリードにはこう書かれていた。

「鹿沼市や栃木市でゴルフ場を運営する『鹿沼グループ』(本部鹿沼市南上野町、福島文雄社長)は31日、東京地裁に民事再生法の適用を申請し、保全命令を受けた。負債総額は1216億円に上り(著者注:別に、富士御殿場ゴルフ倶楽部を経営するサンユウ産業の負債が約200億円あった)、県内の一般企業の倒産では過去最大。売り上げ減少で借入金の返済に行き詰まっていた中、メインバンクである足利銀行の一時国有化で『今後の金融支援が期待できない』と判断した。各ゴルフ場の営業は継続し、自主再建を目指す」

二面にも特集記事が展開された。「『拡大路線』つまずく」という見出しで、こう書かれていた。

「バブルとともに隆盛を極めた企業集団が、ついに倒れた。老舗ゴルフ場の鹿沼カントリー倶楽部などを経営する『鹿沼グループ』4社の民事再生法申請。足利銀行や系列ノンバンクの大口融資先だった同グループに、足銀の経営破たんのショックはあまりに大きかった。『栃木新聞社』の経営にも乗り出し、政界にまで影響力を持つといわれた異色の企業グループは、バブル崩壊で足元をすくわれたまま立ち直れなかった。『来るべき時が来た』と従業員。『鹿沼の経済界はどうなるのか』。地元に衝撃が走った」

これらの記事の影響は大きかった。県内の会員や関係者から続々と電話が入り、スタッフは対応に追われた。下野新聞からも再生推進室に取材の電話が入った。翌日の記事に私のインタビューを載せたいので、東京にある再生推進室まで来るという。

このときの弁護士チームの協議は印象的だった。反対と賛成ではっきり分かれた。「何を書かれるか分からない」「ここで副社長は出さないほうがいい」「いや、ここは隠れないほうがいいのでは」と、先生たちは戦国時代の軍議のように真剣に考えてくれた。

そして最後には「副社長、どうする?」と私の意向を尋ねてくれた。迷ったが、川原先生の「正直に話してみたらいいよ」という一言に背中を押された。

その日の午後、記者が神田までやってきた。白井先生立ち合いの下、事務所の応接室で人生初のインタビューを受けた。新聞記事も、このときの記者の取材も足利銀行破綻との関連性に焦点を当てたものだった。私からすると、新聞の記事は正しいようで正しくなかった。

足利銀行の一時国有化がきっかけになったのは確かだが、本質は違う。鹿沼グループの経営が悪化しただけなのだ。もっと言えば、鹿沼グループの負債が足利銀行の一時国有化にも影響を与えてしまったとも考えられた。倒産の責任は企業にあって、銀行にはない。貸し込んだ銀行も悪いが、借りている企業のほうがもっと悪い。

新聞には「もたれあいが傷口広げた」と書かれていたが、それも違う。互いに寄りかかり、依存し合っていたのではない。私たちが寄りかかっていたのだ。だからこそ、記者に足利銀行との関係性を問われた私は「足銀には恩を感じている。厳しい環境でも地域の銀行ということで、うちの再建に付き合ってくれた」と答えた。川原先生の言う通り、正直に話してよかった。そして、記

下野新聞

鹿沼グループ再生法申請

ゴルフ場など4社

負債1216億円、県内最大

営業は継続 足銀破たん響く

再生法は防衛的選

民事再生手続きの開始を申し立てた鹿沼グループの4社

預託金返すため会員募る

鹿沼グループ再生法申請

公称上回る4万人

副社長謝罪「迷惑を掛けた」

バブル期の経営「間違い」

福島副社長一問一答

「足銀には恩感じる」

2004年3月31日に民事再生法を申し立てた。翌4月1日の下野新聞朝刊一面で大きく報じられた。翌日には、私のインタビュー記事も掲載された（下野新聞社提供）

者が私の言葉をそのまま書いてくれたことに感謝した。

実はこの後、記事を見た足利銀行OBの人たちが「副社長のインタビュー記事、よかったよ」と応援のメッセージをくれた。この言葉がどれだけ励みになったことか。日本経済新聞や読売新聞など、全国紙にも民事再生法申請のニュースが掲載された。

記事を読んだ第一勧銀時代の課長からは心配の電話をもらった。ありがたかった。一方、「自分には何もできないよ」と念押ししてくる人もいた。何も頼むつもりはないし、頼りにもしていないのに、なぜそんなことを言うのだろうか。ニュースの受け止め方一つとっても、人間性の違いが垣間見えた出来事だった。

会員からの問い合わせは日に日に熱を帯びていった。朝から電話が鳴りやまない。そのほとんどがクレームだった。罵詈雑言や「カネを返せ」という怒声が電話口で響いていた。会員権ビジネスでゴルフ場業界を発展させてきたこれまでの歴史を恨みたくなる日々だった。

電話応対チームは民事再生手続きの専門家ではない。普段はゴルフ場でお客様の接客をしてきた人たちだ。右手に受話器を握り、左手に持ったQ&Aの資料を見ながら皆、必死に耐えていた。電話に耐えられない場合は手を挙げて弁護士を呼ぶというルールにしていたが、中には手を挙げっぱなしのスタッフもいた。

「大変申し訳ありません」「心からお詫び申し上げます」と、彼らは私の代わりに電話口で謝ってくれていた。「社長を出せ」「副社長を出せ」という言葉が次から次へと聞こえてくる。私も応対したかったが、弁護士から電話には出ないように言われていた。

先頭に立てない悔しさを感じつつ、金融機関への対応や必要な資料作りなど自分がやるべきことをしっかりやるしかないと腹をくくった。そして、この再生を絶対に成し遂げて、苦労をさせている社員たちに恩返しをしたいと本気で思った。

電話応対チームには、お昼代として1人につき1000円を渡していた。彼らは神田で500円の弁当を買い、150円のコーヒーを1杯飲み、栃木に戻る仕事帰りの電車で350円の缶ビールを飲むことが楽しみだと言っていた。

賞与をしっかり払える会社、給与を上げられる会社に再建しなくてはいけない。社員のためにも、いい会社にしたいと強く思った。ちなみに、このとき協力してくれた社員のほとんどが20年たった今でも会社に残り、経営幹部として頑張ってくれている。共に戦ってきた戦友たちには感謝しかない。

一方、ゴルフ場でも対応に追われていた。プレーに来た会員から首根っこをつかまれる勢いで怒鳴られた社員もいた。会員としては、誰かに感情を吐き出さないと納得できなかったのだろう。その気持ちは分かる。しかしスタッフに責任はない。どうか許してやってほしいと思った。

申し立てを行った日から1週間、私は再生推進室の近くのビジネスホテルに泊まり込んだ。毎日、電話応対を終えた夜の8時くらいから弁護士先生と会議をした。10時過ぎに解散し、残務を終え、軽く食事をしてホテルに戻ると体が動かなかった。小さなビジネスホテルの部屋のベッドに横になり、考え事をしていると、あっという間に朝になった。

ある日、川原先生が「副社長、ホテル暮らしはどう?」と声をかけてくれた。当時の私はストレスから暴食に走り、体重が120キロ近くあった。小さなユニットバスに入ると湯があふれてしまうので「お風呂が小さすぎて入れません」と真顔で答えた。川原先生は大笑いし「そりゃあ、かわいそうだね。よし、今日はこれで終わりにしてごはんを食べに行こう」と誘ってくれた。

川原先生、白井先生、私の3人で新橋のガード下のイタリアンの店に行った。数カ月間は飲みに行くという雰囲気すらなかったので、思いがけない飲み会に「ああ、弁護士先生もお酒を飲むんだ」と不思議な感覚を抱いたのを覚えている。

店に入り、高級そうなワインを2杯飲んだところで頭がクルクルと回って、倒れそうになった。思わずトイレに駆け込み、激しく嘔吐した。便器を抱えながら涙目になり、「こりゃダメだ」と思った。思っていた以上に、心身ともに極限の状態にあったのかもしれない。それでもまだ、民事再生手続きは始まったばかりだった。

債権者集会

申し立てから1週間後、前半の山場である債権者集会が開かれた。

東京と栃木の2カ所の会場で2部制とし、計4回実施した。なにせ債権者である会員数が多い。1000人以上は収容できる会場が必要だったので、東京は北区にある北とぴあ、栃木は宇都宮にある栃木県総合文化センターを予約した。

ゴルフ場や本社から人員を集め、受付から誘導係、駐車場係、会場整理、マイク対応まで約30人に役割分担を指示した。不測の事態があるといけないので、警察にも連絡しておいた。会場に用意する資料は4000部用意し、車で運び込んだ。

開始の2時間前に、社内スタッフを会場に集めて配置などを具体的に指示した。この債権者集会には営業部の女性社員にも参加してもらった。「お詫びの気持ちで接してください」とお願いしたが、顔なじみの会員と会場で顔を合わせることもあり、つらかったと思う。それでも、営業部の社員たちは、その後も電話応対などで大いに力を貸してくれた。

初日の北とぴあには約1000人が集まった。壇上の前列に私、川原先生、渡辺先生、市野澤先生が座り、後列に役員と支配人が座った。監督委員の先生たちは壇上の端に座った。市野澤先生の進行で会は始まった。最初に私がお詫びの挨拶をした。

「自己破産や外部資本の導入を回避しつつ、会員の皆様のプレー権を確保するためには、民事再生法に基づく自主再建が最善との判断に至りました。ご迷惑、ご心配をおかけして本当に申し訳ございません」

深く頭を下げた。すると遠くから「おまえみたいな若い奴がやっているからこうなったんだ！」という罵声が聞こえてきた。何を言われても、頭を下げ続けるしかない。

事前に弁護士の先生たちからは「ここは何があっても我慢するしかない」と教えられていた。悪いのは当社である。その代表として深くお詫びするのは当然であり、そのことには何の迷いもためらいもなかった。許してもらえるとは思っていない。ただ、民事再生に協力してもらいたいという一心だった。

私のお詫びに続いて、渡辺先生が申し立てに至った経緯や事情、再生手続きの方針などを説明した。その後、質疑応答となった。この質疑応答が紛糾した。

「経営内容が不透明だ」「こんな大迷惑をかけておいて現在の経営陣が残るのは手ぬるい」「預託金はどうなった」など、怒号混じりの質問、追及を浴びた。途中、「おい、弁護士だけでなく副社長も何か言え」と言われた。立ち上がり、再び深く頭を下げてお詫びした。私にはそれしかできな

「詐欺だ」会員ら怒り噴出

鹿沼グループ 都内で債権者説明会

経営陣に強い不信感

副社長謝罪 再建へ理解求める

ゴルフ場会員などの債権者に対する鹿沼グループの説明会＝7日午後、東京都北区の「北とぴあ」

県内一般企業では史上最高額の千二百億円の負債を抱え三月三十一日に東京地裁に民事再生法の適用を申請したゴルフ場経営などの「鹿沼グループ」（鹿沼市南上野町、福島文雄社長）は七日、東京都内でゴルフ場の会員をはじめとする債権者への説明会を開いた。会社側が「民事再生法による再建で、皆さんの権利を守りたい」と理解を求めたのに対し、会員らは「今まで何の説明もなかった。これでは詐欺ではないか」「まず経営の実態を明らかにせよ」などと経営陣に強い不信感と激しい怒りをぶつけ、会場は一時騒然となった。

説明会は北区の公共施設「北とぴあ」で二回に分けて開かれ、鹿沼カントリー倶楽部など三つのゴルフ場の会員ら債権者約千人が出席した。

福島範治副社長（　）は経営陣を代表し謝罪するとともに、「経営破たんや外部資本の導入を回避しつつ、会員の皆さまのプレー権を確保するためには、民事再生法に基づく自主再建が最善との結論に至った」と申請に理解を求めた。

さらに中立代理人の弁護士が再生計画案について説明し、会員の預託金をはじめとする債権については最大限保全に努めるとしながらも、「大幅なカットをお願いせざるを得ない」とした。

また、会員の年会費の未払い額が各ゴルフ場合計で三十八億円に達しており、十八日までに退会手続きを取った場合は、未払い分と預託金の相殺が可能とする一方、継続の場合は「未払い額を請求せざるを得ない」と説明した。さらに預託金の弁済は、年間総額に上限を設けた上で抽選などの方法を用いるキャップ制の導入を検討していることを明らかにした。

こうした会社側の説明に対し、会員からは「決算書が説明資料に添付されていない。経営内容が不透明」「多くの会員に、こんな大迷惑を掛けておいて、現在の経営陣が残り、責任が明確にならない民事再生法は手ぬるい。会社更生法で厳格に対応すべきだ」「預託金を個人的な趣味に使ったのではないか」などと厳しい批判が相次いだ。一回の説明会はいずれも予定の一時間を大幅に超え、各二時間前後かかった。

会員権で千八百万円の損失になるという都内の男性（　）は説明会終

2004年4月8日付下野新聞朝刊（下野新聞社提供）。前日に都内で開いた債権者集会には会員をはじめ約1000人が押し寄せたかった。銀行を辞めてから5年以上、会社の立て直しに挑んできたが壇上では何もできない。債権者や会員たちの顔と罵声が、映画の場面のようにゆっくりと流れて見えた。

債権者集会は予定の時間を大幅に超過し、2時間ほど続いた。翌日の下野新聞では「『詐欺だ』会員ら怒り噴出」という見出しとともに大きく報じられたが、私自身はとにかく終わって力が抜けた。債権者集会の壇上でお詫びするという経験は、もう二度としたくないと強く感じた。だがこの15年後、私は再び壇上で頭を下げることになる。

再生推進室では、書面が届いた会員からの電話が鳴りやまなかった。そして想定していなかった作業が新たに発生した。監督委員が指名した公認会計士による監査手続きである。不正などがなかったか、再建にふさわしいか否かを会計士が監査する仕組みがあったのだ。

正直なところ、かなり焦った。さらには、監督委員の今井先生が選任した会計士が田中先生という倒産手続きの第一人者ということだった。田中先生の名前を聞いて、当社側の会計士の先生も「これは大変だ……」と身構えていた。負債総額が大きく、また自主再建という枠組みでもあることから徹底して調査されると覚悟した。

その後、提出すべき資料の一覧表が届いた。途方に暮れるという表現がふさわしいほどの資料数だった。これを1カ月以内に作成しなければならない。考えただけでもぞっとした。私、岡田さん、鈴木さんだけでは無理だと思った。

もう1人、再生推進室に呼ぶことにした。総務経理部門にいた課長の近藤さんだ。能力はあるがどこか冷めた感じで、私は非協力的な雰囲気を感じていた。しかし、当社側の会計士と連携し、経理資料を正確に作成し、監督委員に期限までに提出するというミッションをクリアするには彼が必要だった。早速、近藤さんと面談し「再生推進室に来てほしい」と依頼した。

翌日、近藤さんから「話がある」と言われて、彼が働いている東京事務所横の喫茶店に呼び出された。煮詰まったコーヒーを飲みながら、近藤さんは「ねえ、副社長さ、本気だよね？」と聞いてきた。「どういうことですか」と聞き返すと、彼は「途中で逃げないよね？」と続けた。もちろんだと答えると、「俺、副社長が本気ならやるよ」と言ってくれた。いつも冷めた様子の彼から聞いた最も熱い言葉だった。

翌日、近藤さんはパソコンを持って再生推進室に来てくれた。さらに、近藤さんから「もう1人、御殿場の長谷山を呼んでいい？」と言われた。現場の経理担当だった若手社員だ。そして長谷山さんも参加し、一緒に資料作成にあたってくれた。

こうして監督委員に提出する膨大な資料作成が始まった。それぞれ担当を決めて、侃々諤々と議論しながら先生たちにも相談しつつ、連日夜遅くまで作業を続けた。ある日、長谷山さんが急に近くのホテルに泊まることになった。近藤さんが下着を買ってくれたと聞いた。一見冷たそうな彼にも優しいところがあるのだなと、ふと思ったのを今でも覚えている。

再生推進室の電話応対体制も、もはや臨時の受付体制では太刀打ちできなくなっていた。最後まで電話応対ができる体制に変更しなくてはならない。そこで、民事再生申し立て以前に栃木ヶ丘ゴルフ倶楽部の高額会員対策を担っていた湯澤さんに再生推進室に来てもらい、会員対応全般を統率してもらうことにした。湯澤さんは足利銀行を早期退職して当社に入社した人で、聡明で顧客対応も抜群だったので力を借りたかったのだ。この後、湯澤さんは会員対応の責任者として、民事再生手続きの最後の最後まで活躍してくれた。

申し立てから15日が経過し、ゴルフ場からの応援スタッフの代わりに派遣社員を雇用することにした。それは、ゴルフ場から来ていた電話応対の応援スタッフが現場に戻ることを意味した。この日、皆に配布した資料に私はこう綴っている。

「ゴルフ場応援スタッフの皆さん、15日間お疲れ様でした。今日でいったん一区切りになります。これからは現場で再生に向けてリーダーシップを発揮してください」。実際、戦友である彼らのうち数人はこのあと現場のリーダーになり、ゴルフ場の復活に多大なる貢献をしてくれた。

電話応対の応援スタッフたちの最終日、「いつもいい匂いがしていた近所の鰻がどうしても食べたい」ということになり、皆に食べて帰ってもらった。束の間の笑顔と、皆の「おいしかった」という表情が印象的だった。

東京・神田に再生推進室を構えた。ここで弁護士・会計士チームと連日のようにミーティングをした。債権者からのクレーム電話など最前線の対応も担った思い出の場所だ。左が筆者。右は鈴木さん

再生する意義

若い頃の困難は年を経てから役に立つと言われる。若いときのほうが乗り越える力を備えているのは確かだ。当時、自分は33歳だった。再生推進室にいた社員の鈴木さんと近藤さん、そして白井先生も30代、足利銀行から出向していた岡田さん、渡辺先生は40代前半。皆、若かった。

監督委員から命じられた莫大な量の資料作成に与えられた猶予はおよそ20日。グループ全社の概要や沿革からP／L（損益計算書）、B／S（貸借対照表）の推移表、不動産明細、家系図まで。すべての関係会社や同族関係者を調査するよう指示が出ていた。6人で分担し、徹夜で資料作成にあたった。夜は軽食を食べ、コーヒーを飲みながら泊まり込みで必死に手を動かし、期限までに何とかやり切った。数百枚に及ぶ資料集を監督委員に提出した。

加えて、全会員（債権者）に向けて、債権届出書を裁判所に提出するよう依頼する書面を約4万通送らなければならなかった。この作業はシステムに強い鈴木さんが単独で取り組んでくれた。「夜は帰宅するように」と言っても聞かない。ある朝、私が出社すると徹夜明けで、いすに深く腰掛けてパソコンに向かう鈴木さんがいた。私には、鈴木さんが大好きな紅茶を差し入れるくらいしかできなかった。

裁判所にもさまざまな資料を提出しなければならなかった。月次報告書や財産評定書などの作成には、弁護士や会計士の先生たちにも尽力いただいた。これが提出できないようなら企業再生などできるはずがない。そう思わせるボリュームだった。

同時並行でゴルフ場の営業、そして会員の賛同確保に向けた活動も着実に進めなくてはならなかった。鹿沼カントリー倶楽部の5月の来場者数は前年比15%減だった。民事再生申し立てに対する会員の不満が、数字に如実に表れていた。このままでは再生計画に必要な会員の賛同が得られない。状況を打破するべく、ゴルフ場の現場に対策を指示しなければならない。

ここで改めて「再生する意義」を問われた。当面の目標は、利益の確保と会員債権者からの賛同だった。特に優先するのは会員からの賛同である。それにはまず、ゴルフ場のサービス向上と平日の集客を強化する必要があった。価格競争では生き残れない。サービスを良くして一定の料金を取る。一定の料金を取れるようになれば会員のメリットも生まれる。そのために、料金設定、会員重視の姿勢、透明性、サービスの4つの観点から何をすべきか具体的に考えていった。

当時、私たちのゴルフ場経営は顧客満足度とは対極にあった。

徹底的に売り上げ（資金繰り）を重視し、県内でもトップ3に入る来場者数を誇っていた。言い換えれば、プレーの満足度を無視した詰め込み営業をしていたのだ。ラストの組は日没でラウンドできなくなることもザラにあった。昼食の待ち時間は2時間以上。そもそも、会員であってもなかなか予約が取れない状況だった。

再生手続きを機に、これまでのやり方を抜本的に変えることにした。ところが、各ゴルフ場で管理職以上のリーダー会議を実施したが、現場は危機意識が薄く、どこか他人事のような雰囲気だった。ゴルフ場運営についてはこれまで通りで大丈夫だと思っている支配人やマネージャーに対し、不安が立ち込めた。

予約体制などを根本的に見直して、土日を中心にすべての会員が予約を取りやすいようにし、さらには来場者数を抑えてプレー満足度を高める。同時並行で、平日の売り上げを確保し、収益の強化を図る。この基本方針にすら理解を得られなかった。

現場の支配人や営業マネージャーが反対する理由、それは特定のメンバーとの関係性にあった。それまでは事前予約という形で、予約開始日前に親しい特定のメンバーの予約を押さえていたのだ。例えば、当時の鹿沼カントリー倶楽部の予約枠は150組だったが、うち80%以上が予約開始日前に埋まっていた。そうなると、特定のメンバー以外は予約が取れない。公平性の観点からも、この事前予約を廃止し、会員が等しく予約できるようにする必要があった。組数も制限し、満足度の向上を図り、長期的に収益の向上を目指す。これが改革の基本方針だった。

だが支配人たちは、お世話になっている特定のメンバーとの関係性が悪化すれば、その人たちから民事再生への賛同を得ることができないと主張した。

一方、「ここで改革をしなければ鹿沼は生まれ変われない」と言ってくれる管理職もいた。キャディーマスターの長谷川さん、東京で電話応対を経験した小椋さんなど、危機感を強く持つ30～40代の中堅管理職だった。リーダー会議の前日、鹿沼にある「土用亭」という和食屋に彼らと私が集まった。変わろうとしない支配人たちに同調している営業マネージャーのDさんを説得するためだった。この夜は熱かった。食べることも飲むことも忘れて激論をした。

「今やらなくてどうするんだよ！」。研修生出身で、キャディーマスターとしてゴルファーのクレームの矢面に立っていた長谷川さんが本気で吠えた。電話応対を通じて会員の怒りを直に受け止めてきた小椋さんたちも、「Dさん、ここで一緒に変えましょうよ」と続いた。私も必死でお願いした。最後はDさんも根負けし、「分かりました」と同意した。皆で鹿沼カントリー倶楽部のこれからを語り、再生を誓い合った。

ところが翌日、リーダー会議で相変わらず反対し続ける支配人に、前夜に賛成したはずのDさんがあっさりと同意した。この場になって初めて、私は彼らが置かれている心理状態に気づいた。彼らには過去から続くしがらみがあり、関係性に縛られて身動きが取れないのだ。本当は改革に賛成したくても、頭では分かっていても見えない不安に襲われて動けない。

きれい事を並べても、実行できなければ結果は出ない。こうなると組織を変えるしかない。2

週間のうちに3コースの支配人と営業マネージャーを全員替えた。鹿沼カントリー倶楽部のマネージャーには長谷川さんが昇進した。長谷川さんはその後、支配人として長年にわたり、再生後の鹿沼カントリー倶楽部を支えてくれた。「慣性の法則」に抗うには、組織改革や人事異動を通じて環境を強制的に変えることが不可欠だ。

目まぐるしく動き回る日々が2カ月ほど続いた。そんななか、再生推進室に転機が訪れた。出向で来ていた岡田さんが足利銀行に帰ることになったのだ。岡田さんの活躍には弁護士チームも感謝していた。川原先生の呼びかけで岡田さんの送別会をしようということになった。民事再生チーム全員での、初の飲み会だった。何を話したかすら覚えていないが、そのときの集合写真を見ると何となく皆、楽しそうな顔をしている。あの頃の私たちには、未来に目を向ける若さがあったのかもしれない。そして岡田さんとはこの数年後、また一緒に仕事をすることになる。

再生計画案

民事再生手続きでは、最終的な判断を下すのは債権者である会員一人ひとりだ。債権届出書を提出したすべての会員に再生計画案を提出し、賛成か反対かを投票してもらう。届出債権者数の

再生推進室のメンバーで、足利銀行に戻る岡田さん（前列中央）の送別会を開いた。後列右から2人目が白井先生、岡田さんの右隣が渡辺先生、中列右から2人目が筆者

半数以上、かつ議決権総額（届出債権総額）の半額以上の賛成を得られなくては民事再生手続きの認可は下りない。つまり、その時点で破産手続きに移行せざるを得なくなる。ゆえに、再生計画案は選挙のマニフェストのようなものだ。

どのような再生計画案にするのか、皆で議論を重ねた。私たちは自主再生の道を選んだので、スポンサーからの多額の資金ではなく、自分たちの収益から弁済することになる。当時は民事再生法による自主再生の事例は少なかった。グループ企業を複数持ち、金融負債も抱えるなかでの再建だったこともあり、どうすれば会員に納得してもらえるかを念頭に置きつつ策定を進めた。

会員に対してどれくらいの預託金を残すべきか。どれくらい残れば賛成してもらえるか。退会する会員には何％分を弁済し、会員として残ってくれた人の預託金弁済は、どのように継続していくのか。細部まで検討する必要があった。

これまでの経営改革を通じ無駄なお金は極力削り、ぞうきんを絞り切ったと思っていたが、さらなる経費削減に加えてゴルフ場を持続的に改善していくための設備投資が必要だった。具体的な収支計画案は、私自身が何度もシミュレーションしながら策定した。自分自身が経営者として、経営を通じて生み出さなければならない収益だ。渡辺先生からも「副社長が『これならできる』という収支計画にしないといけない」と発破をかけられた。プレッシャーを感じつつ、いつにも増して真剣に取り組んだ。

収支計画案や弁済計画案の策定とともに重視したことの1つが会員への約束、つまりこれからのゴルフ場経営に対する方針の部分だった。私たちは自主再生の道を選んだ。それには過去の経営体制と決別しなければならない。これまでの経営方針に対する会員からの不満が高かったこともあり、ここはしっかりと明記することになった。

再生計画案の冒頭3ページに再生計画の概要と基本方針を記した。概要には再生手続き開始の申し立てに至るまでの流れを記載し、基本方針には会員重視の姿勢を示した。自主再建は会員のプレー権を確保する最善の方法だ。目指すべきは会員のためのゴルフ場だった。

株式についても、経営責任を明確にするため、発行済みの株式はすべて減資したのち新株を発行し、出資金も弁済原資の一部とした。各ゴルフ場の評価額も記載し、その金額に基づき別除権者（担保権者）に対して別除権協定を依頼することも決定した。

その上で、再生に向けた5つの経営方針を決めた。①透明性の確保。②会員主体のクラブ運営。具体的には土日入場者数の制限、予約方法の改善、価格体系の見直し（メンバー特典付与）を実施する。③サービスレベルの向上。④経営の合理化。⑤会員権価格の引き上げ。以上の施策により企業価値を高めて会員権の価値向上を目指すとした。

ここでの肝は②のクラブ運営に関する方針転換、つまり入場者数の確保のみを目的とした従来の運営体制を変えるという決断にあった。背景には、鹿沼72カントリークラブの廣田支配人が話してくれたエピソードがあった。

「副社長、今までで一番つらかったのはお客様に恫喝されたことです。入場者数を詰め込みすぎた結果、日没になり最後までプレーできないお客様を軽トラで迎えに行ったとき、『テメー、ふざけるんじゃねえぞ』と胸ぐらをつかまれて怒鳴られました。お客様に喜んでもらうために仕事をしているのに、何でこんなに怒られなくてはならないのかと悲しくなって、思わず泣いてしまったことがあったんです。いつの日か、社員にそんなことをさせない会社に変えてください」

その日以来、いつの日かきっと変えようと思っていた。民事再生手続きによってそのチャンスが巡ってきたともいえる。

先生たちと連日議論し、修正を繰り返しながら煮詰めた再生計画案は21ページに及んだ。弁済率は4社それぞれ、また債権額によって異なる。例えば鹿沼カントリー倶楽部の場合、退会する会員には10年分割で1～5％を弁済し、継続してくれる会員には、10年後の純資産を債権元本額で按分した額を退会時に弁済するという内容だ。

弁済手法や税務の話になると内容が難しすぎたが、先生たちのハイスペックな議論に必死に食らいついた。そして提出期限の8月2日に、4社分の再生計画案を裁判所に正式に提出した。

監督委員の「結論」

民事再生手続きでは、裁判所が選任した監督委員の意見書を債権者全員に送る。意見書は、再生計画案への同意に大きな影響を与えるに違いない。いったい、どのようなことが書かれるのだろうか。不安が入り混じるなか、真摯な思いでその完成を待っていた。

監督委員は補助者として公認会計士を選任して調査し、その調査報告書を基に意見書を書く。公認会計士は再生債務者(会社)の財産状況から、役員の不正行為、破産配当率と弁済率との比較、再生計画案の実現可能性に至るまで、当社が提出した資料や帳簿類を監査した上で報告書を作成する。今回の調査報告書では、長年にわたりグループ間で複雑な会計処理を続けていた結果の経理ミスまでもが不適切な会計処理として指摘された。

父であり前代表の福島文雄が過去に行ったゴルフ場以外の事業拡大の失敗で、多額の負債を負ったことによる損害賠償責任も追及された。

特にゴルフ場以外の事業への投融資については厳しく指摘された。会員制スポーツジム、貿易商社、美術館、新聞社、公園、海外ゴルフ場経営などすべてが不採算化し、その後撤退・休眠していることや、不動産や絵画などの購入にも多額の資金を費やしたが、資産価値の下落によって多額の売却損や含み損が発生していることも、詳細な数値とともに報告された。まさにバブル期を絵に描いたような事業の失敗である。

再生手続きに至った経緯については、これらの投融資による資金の固定化に加えて、多額の未収年会費の発生も挙げられた。確かに、会員に未収年会費の支払いを強く要求できなくなっていたことも資金繰りを悪化させていた。

そして報告書の後半では、再生計画案の収益弁済計画の実現可能性も検討された。そこには「全体として再生計画案の前提としての一定の保守性を踏まえて作成されていると認められ、実現可能性のない、或いは合理的ではない計画であるとは言えない」とあった。今見返しても、冷静に客観的に調査して作成されたと感じる。

この調査報告書に基づき、3日後に監督委員の意見書が提出された。冒頭には「結論」として、「再生計画案及びこれまでの再生手続には法的に該当する不認可事由はなく、再生計画案は決議に付するものである」と記されていた。つまり、再生計画案を債権者に諮ってもいいということだ。

破綻に至った原因としては、過去の投融資の責任は問われているものの、バブル経済崩壊後のゴルフ場入場者数の減少、デフレ下における低価格競争で顧客単価が低下したこと、年会費の減少による資金繰りの悪化も指摘された。

私が経営に参画した後については「抜本的な経営の改善策の策定及び実行に着手し一定程度の収益改善は図られた」としつつも、「預託金返還債務及び金融機関からの借入金債務の抜本的な対応が必要であるとして再生手続に及んだ」とあった。

福島文雄の損害賠償責任については、多額の投融資により損害を与えたことを明示した上で、すでに破産宣告の決定を受け、個人資産についても換価可能なめぼしい資産はすべて再生債務者（会社）のために担保として提供しており、実質的には回収の実がないとして査定を行わないことになった。監督委員には破産手続きのことも含めて父に直接会ってもらったこともあり、福島文雄は脳梗塞により左半身不随の状態で、現在も車いす生活であるとも記された。

そして、破産配当率より再生配当率のほうが高く、圧倒的多数の会員にとってプレー権が維持されることは評価してよいということから、「再生計画案の履行の可能性がないとはいえない」との判断が下った。法律用語の読み方は難しいのだが、つまり監督委員は事業再生の可能性を認めてくれたということだ。

監督委員の今井先生は私が渡した本を読んでくれたのではないか。そして、この数年間の見えない努力を理解してくれたのではないか。そう思いたくなるほど、この意見書に書かれた内容は嬉しかった。意見書の最後には、株式の問題についても言及されていた。「福島範治が出資した場合は経営責任を有する福島文雄から実子である福島範治に取って代わっただけとも受け取れるが、この増資自体に違法性はない」とのことだった。

この5年間、会社を再建するために必死に収益の改善に努め、私自身も課長くらいの報酬のまま戦っていたので、責任はないと信じ切っていた。しかし、債権者はそうは思わない。私が本妻の長男でないとはいえ、同じ福島姓であり文雄とは親子の間柄だ。株式に関してはデリケートな問題で気にかかっていたので、この記載にとりあえずホッとした。

これらの調査報告書と意見書、再生計画案と決議書面(賛成か反対かを記載して返送してもらうもの)をそれぞれ約4万部印刷し、債権者に送付する準備に入った。

書面投票の形式を選んだため、受付体制を整えなければならない。

再生推進室で顧客対応の責任者を務めていた湯澤さんを中心に派遣社員5人、もともと当社で営業の仕事に就いていた5人の計10人の女性スタッフを揃えた。元営業社員は当初、自分たちが販売した会員からの電話応対に難色を示していた。しかし、湯澤さんが彼女たちの気持ちを受け止めながら、Q&Aのマニュアルをベースに優しく指導してくれた。

一方、投票の事務処理体制については鈴木さんがバーコード式の受付プログラムを策定してくれた。こういうときの鈴木さんの集中力はすごい。他社に頼んだら開発費用がいくらかかるか分からないプログラムを自力で作り上げてくれた。再生手続きで、何万もの投票を正確に整理できるバーコードシステムを採用したのは当社が初だったと聞いている。このバーコード式は、のちに他の再生事例でも採用されたそうだ。

いよいよ再生計画案の同意獲得活動がスタートした。バーコードでの投票集計は順調に進んだ。当初の勢いでは、会員を中心に債権者の半数以上から賛成票を獲得できそうだった。しかし2週間もするとその勢いは弱まった。

投票期限までおよそ60日。返信してくれない会員には電話で個別に連絡をした。怒られるケースも多かったが、「分かったよ」という声も多く、一定の効果があった。波があるものの、投票用紙は着実に集まってきた。

再生計画案はどのくらい理解してもらえたのか。監督委員の意見書はどれほどの影響を与えたのか。私たちからの電話にはどれくらい賛同してもらえたのか。緊張による心臓の高鳴りを感じつつ、私たちは投票の最終結果に向けて走り続けた。

別除権交渉

民事再生の申し立てをした年の夏は暑かった。灼熱の太陽の下、私は別除権交渉のために市野澤先生、白井先生と汗をかきながら金融機関を行脚していた。

民事再生法における別除権とは、事業継続に必要な担保権の取り扱いのことで、再生債権とは別枠で権利を行使して、優先的に弁済を受けられる。当社の場合、ゴルフ場が事業継続に必要な資産だが、ゴルフ場には金融機関の担保権がたっぷりついていたため、再生計画とは別枠で弁済契約（別除権協定）を結ばなければならなかった。

弁済契約を締結できなければ営業に必要な資産（不動産）を活用できない。ゴルフ場を失えば事業再生の見込みはなくなる。別除権協定を締結できるかどうかが、再生手続きが成功するかどうかの分かれ目でもあった。

担保権者である金融機関には、ゴルフ場の不動産鑑定額をベースに15年弁済に同意してもらわねばならなかった。1つ目のハードルはこの鑑定価格だった。各行とも独自で鑑定価格を出し、担保価格を決めている。その価格と当社が算出した価格（約32億円）が合わないのだ。

不動産鑑定にはさまざまな手法があり、鑑定士によって価格が変わる。銀行側からすれば、担保価格の変更は損失拡大につながる。そう簡単に首を縦に振ることはできない。金融機関に不満と鬱憤をぶつけられながらも折衝しなくてはならなかった。

別除権者金融機関延べ17社に何度も足を運び、再生計画の進捗報告と別除権協定の依頼をした。当然だが、簡単に合意してくれる金融機関は皆無。厳しい交渉の連続だった。銀行側の損失が拡大するとあって、「なんだ、この評価は！」と怒声を浴びることもあった。

市野澤先生と白井先生は絶対に条件を曲げない。「正式な鑑定価格であり、譲ることはできない。この価格、この期間でなければ再生計画は成立しない。成立しなければ破産になる。破産になればこの条件は成り立ちませんよ」と一歩も引かない。

私が銀行員だった頃、多くの中小企業の社長に会った。社長の多くは現場で必死に働いていた。あるとき、手形割引を謝絶するために、とある木工会社の社長のところに行った。耳に赤いペンを挟んだ白髪の社長に謝絶の言葉を伝えると、社長は「もういい！」と言い放って一瞥《いちべつ》もせずに現場に戻っていった。そのときの社長の後ろ姿を思い出した。

多くの社長は会社を潰すまいとして戦っている。弱気になっている場合ではない。粘り強く交渉を続けた。妥協しない姿勢を見せ続けることが、難しい折衝を前へと押し進めてくれた。

別除権折衝も終盤を迎えると、「メインバンクの判断に従います」という金融機関も出てきた。再生計画案への投票は着実に進み、認可決定に必要な債権者数の獲得が見えつつあった。しかし債権額については、金融機関の同意が得られなければ認可は成立しない。別除権の締結もそうだ。弁済契約を締結できなければゴルフ場を失い、鹿沼グループは破綻する。

生きるか、死ぬか。すべてはメインバンクである足利銀行に委ねられた。

そして、足利銀行から届いた答えは「否」だった。

「副社長にはご退任いただきたい」

足利銀行はいつでも協力的だった。私が入社したときから民事再生法の適用申請に至るまでの間、いつも近くに寄り添い支援してくれた。出向者もいい人ばかりで、親身になって助けてくれた。地方銀行とは、地域企業を支援するという大義名分に、これほど忠実に応えてくれるのかと思うことも多かった。

しかし忘れたわけではなかったが、私たちは不良債権の債務者だった。そして足利銀行もまた、一時国有化という危機的状況の下、行員一人ひとりが苦しい日々を余儀なくされていた。足利銀行自体が預金保険機構の監督下にあったことから、大型案件は業務監査委員会が判断することになっていた。そして、私たちとの別除権協定に関する1回目の審査結果は「否」だった。委員の中に強硬に反対する人がいて、満場一致にはほど遠いという話だった。

私は言葉を失った。そもそも約1200億円という巨大な負債を抱えた会社が再生できると考えるほうがおかしかったのか。私は夢を見ていただけなのか。これで命運が尽きたのか――。

何かが全身を駆け抜け、すべての力が抜けた。

しかし弁護士チームは違った。「どうしたら打開できるか考えよう」「できることは何でもやってみよう」と言う。まずは、業務監査委員会で出た意見に対する説明文を作成して提出した。合理的で納得できる文章だと思ったが、その程度では通らなかった。委員会では、福島文雄を中心とした過去の経営を問われ、その説明に苦戦していると聞いた。足利銀行の中には、私たちのために日夜動いてくれている人たちがいる。私が立ち止まるわけにはいかなかった。

あっという間に1カ月が経過し、議決票の集計期限は刻一刻と迫っていた。

10月15日の金曜日、私は川原先生、市野澤先生、白井先生とともに足利銀行に呼ばれて融資部長らと面談した。過去の有責性と透明性が指摘されるなか、何よりも私、つまり福島範治の世襲に対する批判の声が出ているということだった。さらに、経営の透明性を担保するために、社外取締役制度の導入や過去の問題を調査する機関の設置などが提案された。

ここで突然、融資部長が「役員に呼ばれた」と席を外した。何かあったのかと心配していると、戻ってきた部長にこう言われた。

「副社長にはご退任いただき、業務に専任する体制を取ってもらいたい。副社長が来られた経緯はよく存じ上げていますが、再生のために名を捨て、実を取っていただきたい」

この言葉を聞いた瞬間、頭の中が真っ白になった。しかしどこか冷静な自分もいた。世襲問題が批判されていると聞けば、このような事態になることは多少は予想できた。会社を辞める時が来たのかもしれないと思った。「物事を大局的に捉えた上で判断するつもりです」と答え、週明けに再訪する約束をした。

代表取締役副社長として、これまで経営を担ってきたという自負はあった。しかし「福島」という名前を背負っている以上、世間から見れば世襲だ。出生の背景や継承の経緯は関係ない。

足利銀行から戻り、先生たちと遅くまで議論した。民事再生を進めるには私が辞任する以外の選択肢はない。しかし、誰が後任を務めるのか。秋沢常務は真っ先に「私はできません」と断ってきた。「信頼できる先輩や友人はいないか」と問われても、火中の栗を拾おうという人など簡単に出てくるはずもない。私たちは早々に行き詰まった。

翌日、足利銀行の担当者から電話があった。

「銀行としては弁護士の先生にお願いできないかと考えています。副社長は会社を辞める必要はありません。現場で再生にあたってください。代表になる弁護士の先生には会社更生法の管財人のような形で管理監督していただくのが望ましいです」とのことだった。申し出に対する返答期限は翌週月曜の10月18日。回答は書面で提出するように告げられた。

土曜の夜、再び弁護士チームと夜遅くまで話し合った。

議論が膠着するなか、渡辺先生が「私たちでやりましょう」と言った。続いて、白井先生が大きくて分厚い手を挙げてこう言った。「私が代表をやります」。拍手が湧いた。

白井先生の挙げた手に、私たちは救われた。こうして私を含めた全役員が辞任し、弁護士の先生たちを中心に新体制を敷くことが決まった。足利銀行への提出文書は白井先生が自身で作成してくれた。そこには現役員の辞任、弁護士・会計士を中心とした新役員の選任、そして内部調査委員会の設置という新たな経営体制が明記された。

この頃、私は仕事が終わると、階下にある白井先生の事務所に立ち寄って挨拶をするのが日課になっていた。この日も先生の事務所には煌々と灯りがついていた。副社長を辞任しなければならない悔しさもあったが、大好きな白井先生が手を挙げてくれたことに涙があふれた。

執念の勝利

10月18日、「再生計画認可決定確定後の経営体制について」という書面を提出した。

民事再生の手続きで中立代理人が代表取締役に就任し、再生計画履行を監督するというスキームは前例がなかったという。私は経営陣からは退任し、社員として引き続き再生にあたることになる。自分の中では「仕方がない」と納得していた。

この時点で債権者（会員）の賛成率は各社95％という圧倒的多数を確保していたが、債権額の賛成率は50％に達していなかった。足利銀行の賛成があれば50％を確実に超えて認可となる。「ここまでしたのだから、さすがに大丈夫だろう」と、やり切った気持ちでいた。

だが、ここで再び思いも寄らない事態が起きた。

翌日、足利銀行から1本の電話が入った。担当者からの緊急連絡だった。

「認可決定確定後の経営体制、内部調査委員会を設置することについては納得してもらった。しかし資本の問題、つまり出資者が福島一族の福島範治であるということが問題に上がっている。何とかならないだろうか」

今さら何ともしようがない。1日、2日で私に替わって誰が出資してくれるというのか。代表を辞任するだけでも痛恨の極みだった。その上、出資もするなというのか。

唇を噛みしめながら話を聞いた。ここまでかろうじて忍耐を重ね、自分なりに保っていた粘りの糸が切れそうだった。期限に追われている中で、焦燥感というより「もういいよ、好きにしてくれ」と投げやりになる寸前の自分がいた。

今回の再生手続きにおいて、資本金については福島文雄名義の株式をすべて減資し、私が再出資する計画だった。監督委員の意見書でも「違法性はない」と記載され、否定もされなかった。民事再生する3社（会員権販売会社は鹿沼カントリー倶楽部が吸収）の資本金の調達に向けて、さまざまな金融機関への相談から不動産ローン会社の活用、果ては親戚からの資金調達に至るまで、地道に準備を進めていた矢先のことだった。

足利銀行からの話を受けて、この日も弁護士チームと夜遅くまで議論を重ねた。終わりの見えない会議だった。

「副社長、親族以外で出資をお願いできる、信頼できる友人とか誰かいないの？」と川原先生に聞かれた。資本金が持つ性質や会社の支配構造、出資に伴う経営リスクを考えると、おいそれとは頼めない。また、買い戻す場面が訪れたときに簡単には応じてもらえないかもしれない。取締役会で株式譲渡制限をつけるという方法もあるが、そこまで頭が回らなかった。

考えを巡らせる中で、母の顔も浮かんだ。母と父は正式な夫婦ではない。つまり福島一族の者ではない。「副社長がお母さんの旧姓だったらよかったのにね」という、冗談とも本気ともつかない意見も出た。刻一刻と迫る投票期限を前に、我々は泥沼にはまり込んでいた。

重たい空気が立ち込めるなか、突然、渡辺先生がこう切り出した。

「どうですか、私たちが出資しますか？」

それはあまりにも唐突な一言だった。

「白井先生、どうですか？」

急に振られた白井先生は一瞬、目を丸くして驚いた様子だったが、即座に「いいですよ、やりましょう」と返した。川原先生も「僕もいいよ」と続いた。

株主になる。それは責任制限のある社外取締役になるのとは訳が違う。にもかかわらず、3人の先生たちはポケットマネーから身を削って投資してくれるというのだ。

「3人で、3社の株式を33％ずつ持ち合いましょう。そうすれば副社長も安心でしょ」

渡辺先生は軽く笑みを浮かべてこう続けた。

「これは副社長を信頼してのことだからね」

この困難な状況において、誰がこんなことを予想できただろうか。弁済が滞って破産に移行でもしようものなら、株式は紙くずになってしまう。それなのに……。信じられなかった。

そして川原先生は「委員会での状況をもっと詳しく知りたい。誰が反対しているのか。何が本当のネックになっているのか。状況を把握した上で、打てる手はすべて打っておきたい」と言った。また、内部調査委員長および社外取締役に、川原先生にとって検察時代から旧知の仲である則定弁護士を迎えようと提案した。則定先生は東京高検検事長という経歴を持つ超大物の弁護士だった。「この人選を聞けば我々の本気も伝わり、監査委員会も納得するよ」とのことだった。

会議の後、川原先生はすぐさま則定先生に連絡を取り、了承を得た。勝つために、最後まで徹底して詰めていく。このときの川原先生からは勝負へのこだわり方を学んだ。

こうして私たちは、新たに「再生会社の株式について」「再生計画認可決定確定後の取締役について」という2つの文書を足利銀行に提出した。これが私の、代表取締役副社長として最後の公式文書だった。

足利銀行の承認が取れ、賛成の議決票が届いた。別除権協定も締結する見込みとなった。最終的な債権額の賛成比率は鹿沼カントリー倶楽部が80・1％、東北縦貫開発（鹿沼72カントリークラブ）が87・7％、栃木ヶ丘ゴルフ倶楽部が82・8％と圧倒的多数を獲得した。

弁護士先生たちの執念と胆力が勝利をもたらした。12月9日には裁判所から正式に認可確定の通知が出た。申し立ての準備を始めてからおよそ1年。季節は再び冬になっていた。

第4章

再始動と撤退戦

雇われ副社長

倒産するというのは恥ずかしいことなのだろうか。法律の傘の下、公正な再生手続きを踏んでも、永遠に下を向いて生きていかなくてはならないのだろうか。「倒産企業」というレッテルを覆し、再生企業として生まれ変わる。再生という言葉を確かなものにしたかった。

私たちの人生を懸けた、新たな戦いがスタートした。

民事再生手続きの認可決定という大きなハードルは越えた。それは1回でも弁済が滞れば破産に移行するなかで、再生計画を確実に履行していくという、厳しい日々の始まりだった。

内部調査委員長と社外取締役に着任してもらう則定先生との面談は緊張した。則定先生の事務所の応接室には、左右の壁に大きな阿吽《あうん》像の画が飾られている。一方は口を開いた阿形、他方は口を閉じた吽形と呼ばれる仁王様が、眼光鋭く対面する私たちを見つめていた。

則定先生の経歴は川原先生から聞いていた。法務事務次官を経験したのち、東京高検検事長から弁護士になったのだという。相手は検察トップを経験した人だ。緊張しないほうがおかしい。帰り道、面談に同行した秋沢常務が「目が鋭かったな」とこぼした。じっとこちらを見るだけですべて見抜かれるように感じるほど、則定先生には迫力があった。経営に緊張感は必要だ。則定先生の存在は、再生計画を履行する私たちには十分すぎる重石だった。

その則定先生を中心に内部調査委員会による調査が始まった。則定先生のほか弁護士2人、会計士1人の計4人で構成された委員会では、役員による職務上の義務違反やその他違法行為の有無、民事上および刑事上の法的措置の必要性、妥当性の検討などを行うことになった。

具体的には、申し立て前10年間の違法な資金流出の有無、同期間で回収不能となった違法な事業投資の有無、損失計上した違法な資産取得の有無、違法な交際費支出の有無を調査された。

会計帳簿を改めて精査し、その上で父・福島文雄から事情聴取することになった。タクシーを呼び、父を則定先生の事務所に連れていった。経緯は話しておいたものの「うんうん」とうなずく程度で、本当に状況を理解できているのか不安だった。

父の病状を考えれば仕方ないと思いつつ、車いすを押して則定先生の事務所の応接室に入った。穏やかに対応してくれる則定先生に対して、父は明らかに緊張していた。唯一動く右手には力が入っていた。回答は明瞭なときと不明瞭なときがあった。日時や場所の記憶が混乱し、交錯した回答も多かった。それでも父は必死に答えていた。

聴取の結果、福島文雄への役員報酬は個人的な蓄財でなく、個人の債務弁済に充てられていたことが認められ、現役員による違法・不当な資金管理とは言えないと判断された。代表としての責任が認められる可能性はあるが、すでに破産宣告を受けており責任追及の実益はないとされた。

1999年以降、役員による違法行為は認められないとも報告された。この調査報告書は、新たに代表取締役に就任した白井先生と足利銀行に提出された。

則定先生との面談を経て、父はとても真面目な人なのではないかと私は思った。破天荒で波乱万丈、外から見れば豪放磊落な怪傑のように思われることもあるが、そうではない。処々全真。問題のある人たちとの付き合いにしても、真面目に対応してしまったがゆえに懐深くまで入り込まれたのではないか。

則定先生との面談の途中、うつむいていた顔を上げ、目を見開き、大きな声で話し出した瞬間があった。1人で抱えていた苦しさを誰かに伝えたかったのではないか。そして本当は、誰かに助けてほしかったのではないか。

新たな経営陣で取締役会がスタートした。代表取締役は白井先生、社外取締役に則定先生、渡辺先生、社外監査役に川原先生が名を連ねた。私は現場の経営を担う執行役員副社長という肩書をもらい、新たな業務が始まった。

取締役会は毎月開かれた。取締役であり株主でもある先生たちに、日々の業務執行状況を報告する。営業動向や収支、会員数を報告してアドバイスをもらうほか、経営方針や設備投資などの重要事項を決議してもらった。人事や商品・サービスなどの個別協議事項も含め、さまざまなことを議論した。

取締役会の会場はいつもゴルフ場だった。朝からプレーしてコースを視察し、プレー終了後に会議をする。そのため、取締役会がある日は早朝に車で自宅を出て則定先生、川原先生、白井先生を自宅近くまで迎えに行き、会議終了後は先生たちを送るのが私のルーティンになった。

会議が白熱した日はゴルフ場を出るのが遅くなることもあった。眠さに耐えつつ、旧式の紺色のクラウンを運転する。あるとき、川原先生に「副社長は道に詳しいね。タクシーの運転手もできるね」と冗談を言ってもらったが、万が一事故にでも遭おうものなら一大事である。こちらは笑うに笑えないくらい運転に必死だった。

こんなこともあった。中期経営計画を立案し、取締役会に報告したときのことだ。

私としては、社員と合宿をした上で自信を持って作成した内容だった。あらかた説明し、「この方針でいかせていただきます」と伝えた。白井先生や則定先生、川原先生はすんなりと了承してくれたが、渡辺先生からは質問が相次いだ。

「この内容で実行できるの」「成果は出ると思いますか」「このメッセージで社員には通じるかな」。質問に回答すればするほど、さらに突っ込まれ、答えに窮してしまう。今思えば浅い内容だった。そのくせ、自分はこうするのだという強気な態度だったかもしれない。

問答が続くなかで最後は時間切れになり、「次回また提出します」と伝えて会議が終わった。終了後、トイレに行き、用を足していると涙があふれ出てきた。悔しさと不甲斐なさに加え、雇われ店長のような立場に置かれていることのやるせなさも重なり、感情が抑えられなくなっていた。そして、その姿を白井先生に見られてしまったような気がした。

その日の帰り道、送迎の最終地である東京・小金井あたりで、白井先生が「おなかすいたね。少し何か食べようか」と言って、自宅近くの中華料理屋に誘ってくれた。「好きなものを食べて」という言葉に甘えて北京ダックをご馳走になりながら、「今日はすみませんでした」と謝った。

すると白井先生は「自分のやりたいようにやればいいよ。最後は自分で責任を取ればいいんだから」とアドバイスをくれた。そうか、自分のやりたいようにやって結果を出せばいいんだ。すべては自分自身に原因があるんだ――。

白井先生の一言が、澱《おり》のように溜まっていた負の感情や迷い、やるせなさなどを洗い流してくれた。翌月の会議で、私は渡辺先生に指摘された部分を修正して再提出し、承認を得た。

この頃、副社長である私の給与が常務より低すぎるとの声が出て、取締役会で議論してもらうことになった。結果はというと、残念ながら「否決」だった。「副社長はまだ若いから」というのがその理由だった。この日も白井先生は声をかけてくれた。「3年間やり切ればいいんだよ。経営がうまく軌道に乗ったら、好きなだけ給与をもらえばいいじゃない」。そう笑っていた。

再生手続きには終結決定がある。再生計画を確実に履行し、3年経過時に終結決定を受けることができれば、裁判所の監督下から離れるのだ。私が経営者に戻れる日、それが終結決定だった。目標は3年間を無事に乗り切ること。ひたすら愚直にやり抜くしかない。終わりは始まりである。雌伏の時が私を鍛えてくれた。

「苦労しなければ経営者にはなれない」

何事も、結果を出すためには「思い」と「具体策」が必要だ。特に、思いは無限の可能性を秘めている。再スタートの手始めとして、まずは思いを言葉にする取り組みを始めた。

再生計画の認可が下りたことを受けて、各ゴルフ場で社員を集めて説明会を実施した。社員の皆さんと直接話をするのは久しぶりだった。まずは議決票数も含めた経過報告と御礼を伝えた。再生計画の認可が下りたのは会員の皆さん、弁護士の皆さん、そして目の前にいる皆さんのおかげであり、感謝しかない。これまでの皆さんの努力があったから今がある。自主再生は弁護士がするものでなく、自分たちで成し遂げるものであると、思いを込めて話した。

社員たちは一様に硬い表情をしていた。わずかな不安を感じた。弁済はこれからだ。再生計画を履行していくためにも、ここで社員一人ひとりの意識を変えてもらわなくてはいけない。

そこで私は3つの「思い」を話すことにした。

1つ目は「魅力的な企業に」。頑張ってくれた社員に恩返しができるように、会員からの期待に応えられるように、そして地域の役に立てるように。民事再生を会社が生まれ変わるチャンスと捉えて、意義のある再生にしようという強い思いを伝えた。

2つ目は「3年間の重要性」だ。道のりはなおも厳しい。積極的に行動し、確実に弁済していきたいと話した。そして3つ目は「誇りの持てる会社に」である。社員の子どもや友人に誇れる会社にするためにも、存在価値のある企業にならなくてはいけない。ゴルフ場の仕事はお客様の心を豊かにするものであり、そこに存在価値がある。

来場した会員に感謝することや、週末の来場者数を抑制する代わりに、平日の集客に力を入れるなどの具体策も説明した。私自身は取締役を辞任し、執行役員副社長になることも話した。1日も早く健全な企業、いい会社にしよう。これが経営再生のキーワードだった。

社員に継続的に思いを伝えるために、マンスリーメッセージの発信も続けた。再生手続き中だった2004年6月から、私が自ら1000字程度のメッセージを綴って印刷し、キャディーやパートまで含めた全スタッフの給与袋に入れて配布した。

第1号の表題は「また来たいと思ってもらうために……」。後々、鹿沼グループのビジョンになった言葉だ。メッセージには自分自身が体験したことや見たこと、聞いたことなどを書き、最後は伝えたい言葉をしたためた。

認可決定が下りた直後に書いたマンスリーメッセージの表題は「意義のある再生」にした。誇りの持てるゴルフ場に生まれ変わろう、決して元の会社には戻ってはいけないと強く訴えた。

足利銀行の担当者からのメッセージも文中で取り上げた。「素晴らしいゴルフ場に再生して、栃木県を元気にしてください。御社の再生は地域に大きな影響を持っています。だから僕も自分の手で稟議を上に通して、御社に再生を果たしてもらいたかったのです」。そして、栃木県で一番魅力的なゴルフ場に生まれ変わるように心を一つにしようと呼びかけた。

経営理念の策定に向けて準備も進めた。ただし、この時点での私の役職は執行役員副社長。経営理念を制定できる立場ではなかった。また、こういう会社にしたいという思いはあっても、理念と呼べるような明確、かつ根本的で深い考えや哲学のようなものはなかった。そこで、今できることとしてさまざまな会社に話を聞きに行った。

まずは、サービス力の高さで、多くのメディアに取り上げられていたホンダクリオ新神奈川（当時）に見学を申し込んだ。同社にお邪魔すると相澤社長（当時）自ら、経営理念からサービス向上の仕組みまで詳細に説明してくれた。私は民事再生中だと言うのが恥ずかしく、そのことに触れないまま話を聞いていた。会社に戻った数日後、相澤社長から手紙が届いた。

「病院で点滴をするとき、隣の76歳の方から唐突に『本物の経営者になるならば、大病と、投獄と、倒産を経験しなければ駄目だ』と注意された。『苦労しなければ経営者にはなれない』『他人の苦労が分からなくては経営者になれない』と諭されたと思っています。その方の考えから言えば、福島さんは『経営者』として恵まれたスタートをされたのではないでしょうか？　頑張ってください。福島さんの名前は絶対に忘れません」

手紙にはこう書かれていた。相澤社長はすべてを知った上で私を迎えてくれたのだ。未熟な自分を情けなく思うと同時に、相澤社長の懐の大きさを感じた。この手紙は今でも大切に保管している。倒産を経験した私が本物の経営者になれるかどうかは今後の自分次第だと、この手紙を見るたびに思う。

ザ・リッツ・カールトン東京でのホスピタリティー研修をはじめ、さまざまなセミナーや勉強会にも参加した。どうしたら再生を果たし、いい会社にできるだろうか。とにかく何でも吸収しようとしていた。セミナーでは必ず一番前の席に座った。

質疑応答では必ず手を挙げ、講演が終わったら講師に名刺交換のアタックに行く。そう自分に課していた。資料も集めまくった。聞けば聞くほど、読めば読むほど、良い会社は経営理念を大切にしているという共通点が見えてきた。

経営理念を策定するためには、社員が何を大切にしながら仕事をしているかを知ることが必要だった。そこで約1カ月かけて200人の正社員全員と1時間ずつ面談を行った。一番聞きたかったのは「今の仕事でやりがいや喜びを感じることはありますか。それはどのようなときですか」という質問だった。

経営理念の根底には会社の存在意義を据えるべきであり、それが社員の仕事のやりがいと重なることが不可欠だと考えた。社員一人ひとりと一対一で向き合うのは初めてであり、正直怖かった。上司の悪口や会社批判にどう回答するか。答えられないような質問を受けたら、どう答えればいいのか。回答次第で私に対する信頼も低下する。不安ばかりが先走った。

だが結果的には、全員と面談してよかった。一人ひとりの率直な思いを聞くことができたからだ。特に、やりがいに対する社員の回答は意外だった。やりがいの源泉は給与や賞与だろうと勝手に想像していたが、結果は逆だった。

賞与と答えた人はたった1人。社員全体の2割を占めるコース管理のメンバーは、やりがいを感じるのは「自分の仕事がうまくいったとき」、つまりいい芝の管理ができたときだと答えた。そして残りの約8割の社員が「お客様に『また来たい』と言っていただいたとき」。つまり、お客様に喜んでもらうことに一番やりがいを感じると回答した。

お客様の喜びこそが社員のやりがいの源泉だった。お客様の喜びは社員の喜びなのだ。お金を稼がないと生活できないが、それだけでは人は働き続けられない。ここで大切なのが「思い」なのだ。とはいえ、思うだけでは結果を出すことはできない。相澤社長からの手紙にもこう書いてある。「経営とか商売は、お客様のことを最優先に考え即実行すること」。いい会社になるためには具体策の実行も必要だった。

3 人の戦友たち

具体策を打ち立て実行するには経営資源が必要だ。経営資源にはヒト・モノ・カネが含まれる。この時期の私たちは圧倒的に経営資源が足りなかった。

まずカネがない。自主再生であり、カネはこれから作っていくしかない。モノについてはゴルフ場という資産は守れたが、コースメンテナンスでは他社と戦える状況にはなかったし、食事の内容や接客サービスにも自信がなかった。そしてヒト。日々、実直に働いてくれる現場スタッフの多くは経営破綻後も残ってくれた。しかし、経営人材やリーダークラス、未来を担う若手社員は圧倒的に不足していた。いい会社にしていくためには新たな人材が不可欠だった。

そこで、まず経営陣の獲得に動いた。第一歩として、鹿沼グループでの私の最初の上司にあたる別井さんに来てもらおうと考えた。別井さんは足利銀行に戻ったのち佐野支店長を務め、退任後は地元の老舗カーディーラーの常務をしていた。別井さんには当社を離れた後も時折相談に乗ってもらっていたし、民事再生申し立て後も私たちを心配してたびたび連絡をくれた。経営企画室で時間を共にするだけでなく、悔しさや無念さも共有してもらっていた。

認可決定後の11月下旬、思い切って別井さんに声をかけた。宇都宮にある居酒屋で待ち合わせをした。現在の経営課題と、やりたいことをまとめた資料を見せながら説明する私の言葉を、別井さんは一つひとつ丁寧に、じっくりと聞いてくれた。

「一緒に経営にあたっていただけませんか」とお願いしながらも、報酬面で十分な処遇を用意できないことで正直、気が引けていた部分もあった。そんな私の気持ちを察してか、別井さんのほうから「分かりました。一緒にやりましょう」と言ってくれた。

私より20歳年上で、人生経験豊富な別井さんの入社はとても心強かった。代表取締役の白井先生にすぐに報告した。思えば、白井先生を紹介してくれたのも別井さんだった。当然ながら白井先生も喜んでくれた。こうして別井さんには再生計画認可が決定した翌年の２００５年３月、執行役員経営企画室長として再び入社してもらった。そして総務から人事まで経営全般を担ってもらった。この日から15年間、別井さんは70歳まで会社を支えてくれた。私の恩人の１人である。

同じく足利銀行からの出向者だった岡田さんにも経営に加わってもらった。岡田さんは足利銀行に戻った後、国有化という大変な状況の中、本店融資部で融資先の対応に追われていた。岡田さんとは足利銀行に戻ってからも時々会って話をしていた。岡田さんは実務能力に長け、優秀な参謀タイプだ。実直でありストレートな人柄も魅力的だった。

岡田さんは共に会社を成長させてくれる人だと常々思っていた。だからお会いするたびに「いつか一緒に働きたいですね」と伝えていた。民事再生の認可決定後も会って報告したが、岡田さんは40代前半の現役銀行員である。お子さんもまだ小さいし、銀行員としての未来もある。岡田さんの人生を思うと、再生中の会社に気軽に誘うことはできなかった。

そんな岡田さんからある日、突然電話があった。鹿沼と宇都宮の間にあるレッドロブスターのボックスシートで再会した。「副社長、銀行を辞めて御社に行きます」。岡田さんは突然、そう言った。本当だろうか。リスクを冒してまで当社に来てくれるのだろうか。自分を信じてくれたことが何より嬉しかった。「ありがとうございます。ぜひ一緒に再生させて、会社を大きくしましょう」。2人で固い握手をした。

こうして岡田さんは2005年7月に入社した。肩書は経営企画室次長。鹿沼カントリー倶楽部の現場勤務からのスタートだったが、嫌な顔一つせずに業務経験を積んでくれた。それから20年、岡田さんは今も常務取締役として会社を守ってくれている。あるとき、岡田さんに「なんで銀行を辞めてまで、うちに来てくれたのですか」と聞いてみたことがある。すると「社長には夢があったから」と言われた。経営者冥利に尽きる一言だった。

そしてもう1人、このタイミングで入社した人がいる。山本さんだ。山本さんは民事再生の前に退職した元幹部だった。富士御殿場ゴルフ倶楽部の営業部長から鹿沼カントリー倶楽部の営業部長への異動が決まった矢先に、父親の会社を整理するという理由で大阪に帰ったのだった。

当時、私は山本さんのことをとても信頼していた。山本さんが御殿場にいるときはファミリーレストランで将来のことをよく話していた。だから辞めると聞いたときはショックだったし、必死に止めた。別井さんも交えて、宇都宮の居酒屋で夜中まで説得したこともあった。それでも説得のかいなく退職してしまったのだった。

その山本さんが大阪から鹿沼に戻ってきたという噂は聞いていた。電話をもらい、一緒に食事に行った。以来、時折会っては他愛もない話をしたりと、あくまで個人的に会っていた。あるとき山本さんが「副社長の力になりたい。何でもいいから手伝いたい」と言ってきた。嬉しかったが、悩むに悩んだ。動乱期を共に乗り切っていない山本さんを再入社させていいのだろうか。山本さんと同世代で必死に頑張ってきた幹部に申し訳が立たないのではないか。

社内に「山本さんは頭がいいから、泥船から逃げ出した」という声があったのも事実だ。しかし、山本さんはそのような空気があることも理解した上で、それでも力になりたいと改めて言ってくれた。思いに応えたかった。こうして山本さんも2005年4月に顧問として入社した。

経営資源のうち、一番伸びしろがあり、レバレッジが利くのはヒトではないだろうか。人の力には無限の可能性がある。モノやカネを生み出すのも、ヒトである。その後、私たちは新卒採用やリーダー職の中途採用を強化していった。将来への投資はヒトに振り向ける。私はその意味を、この先一層深く理解していくこととなる。

再生終結決定

「おためし、おさとし、おしめし」。千葉県で理容室を展開するオオクシの大串社長から聞いた名言だ。真摯に物事に打ち込んでいれば、試されているうちに小さなことが起き、さらに打ち込めばおしめし、つまり結果が出るという意味である。この頃の私たちはとにかく結果を出さなければならなかった。1日も休まず必死に3年間立ち向かい、結果を出そうともがいていた。そして、そのためなら何でもやった。

ゴルフ場の営業では土日営業を見直し、事前予約を廃止して、来場者数を減らした。同時に平日の集客を強化した。その道のりは困難だった。当然、一時的には売り上げも落ちた。しかし会員への約束は絶対だ。平日のプレーを魅力的にするために、バイキングデーや格安パックなども始めた。外部のインターネット予約サイトとも契約して集客をした。当初は苦戦したが、徐々に効果も表れて結果が出てきた。

民事再生下では、弁済額を超えた分の利益は社員に還元できる一方、弁済ができない場合は破産となる。期限の猶予には債権者の同意が必要で、グループ間融通は不可。借り入れも困難だ。長期視点で会社を立て直していくには、高品質なものを適正価格で提供することが肝要だ。これは渡辺先生から教えられた財務と収支の要諦である。

わずかばかりの手元資金は設備投資に回した。ボロボロだった鹿沼カントリー倶楽部のレストランは、大改修を経て見違えるようなきれいなレストランになった。手押しカートから乗用カートへの移行も段階的に進めた。会員に残ってもらうためにメンバー用のポイントカードを発行し、スタンプラリーやメンバー感謝デーなど新たなサービスも次々と展開した。

各コースの所属長とともに新たな中期経営計画も策定した。中期ビジョンは「また来たいと思ってもらえるゴルフ場にしよう」とし、「今日のお客様に感謝し、お客様の期待を超えて喜んでいただこう。そして従業員満足を実現させやりがいを創造しよう。会員・社員・地域が胸を張れるゴルフ場にしよう」という大目標を掲げた。その上でゴルフ場ごとに3年後の目標を考えた。

例えば、鹿沼カントリー倶楽部のスローガンは「生まれ変わる伝統の鹿沼」とした。これを達成するために3年間でやるべき施策を10個出した。そこから初年度に実行する経営方針を打ち出し、ゴルフ場の入場者数、単価、売り上げ目標を記載したカードを全社員に配布した。

各コースで説明会を実施しては、「みんなで目標を実現しよう」と一人ひとりに訴えた。コースごとに「土日進行改善プロジェクト」「コース美化プロジェクト」「季節感のあるイベントプロジェクト」「真心サービスプロジェクト」などさまざまなプロジェクトチームを作り、社員を巻き込みながら改善活動に取り組んだ。

私たちの経営資源はヒトだ。互いに信じ合う職場風土をいかに醸成するか。そのために「サンキューカード」を導入した。スタッフ同士が日々の業務の中で「ありがとう」と思った事柄をカードにしたためて相手に伝える。推進するために、カード1枚につき50円という報酬も設けた。社員からは「ありがとうに報酬はいらない」「今さらカードを渡す意味がどこにあるのか」など大いに反発をくらった。それでもやり続けた結果、あるときを境に枚数が一気に伸び始め、半年後にはグループで月に合計5000枚が飛び交うようになった。

物事には臨界点がある。我慢をして続けるうちに一気に花開くこともあると学んだ。

2005年からは新卒採用も始めた。別井さんと話し合い、将来の幹部育成のために大卒社員を採用することにした。当時の支配人たちに伝えると、「うちに大卒なんて来ないですよ」と鼻で笑われた。それでもダメ元で県主催の合同説明会に出展した。すると1人、2人とブースに立ち寄ってくれた。興味を寄せてくれた学生たちには私から直接、熱を込めて会社のビジョンを説明した。結果的に初年度は、大卒・短大卒・専門学校卒の3人の入社が決まった。

新卒採用1期生の田中さんは、今では鹿沼72のグリーンキーパーだ。彼には軽井沢ゴルフ倶楽部やアメリカのトーナメントでの修業、霞ヶ関カンツリー倶楽部のオリンピックタスクフォースといろいろ経験してもらった結果、国内有数のキーパーに成長した。一度は「有名コースに行く」と言って会社を辞めたが、1年後に再び当社に戻ってきた。2期生の小菅さんは現在、鹿沼72カントリークラブのディレクターである。

10~30代の若手社員は、今や正社員の半数を占める。再生期間中から採用を始めて本当に良かった。彼らは未来の鹿沼グループを担う人材だ。会社を成長させ、より魅力的な組織にするためにも必要不可欠な存在だった。

2005年の夏には6年ぶりに念願の賞与支給を果たした。正社員には基本給の0・5カ月分、キャディーには5万円、パートには4万円と満足のいく額ではなかったものの、支給できる状況になったことが嬉しかった。

賞与支給は私の夢の1つだったが、達成して改めて「賞与の支給を当たり前にしなくてはならない」と強く思った。満足のいく額を支給できるように力をつけていかなければならない。ここで満足してはいけないのだった。

人材から設備、営業に至るまで、さまざまな取り組みを実施し、利益を上げては弁済を続けた。

多額の滞納金が残っていた国税局とも折衝を重ねた。国税局に上申書を出し、換価の猶予という制度を使って、延滞税の一部免除が認められた。できる折衝はやりきった。まだ10億円以上の滞納税金があったが、返しきるしかない。怒濤《どとう》のような日々のなか、矢継ぎ早に経営施策を実施し、計画通りに弁済を続け、あっという間に3年が過ぎようとしていた。

紆余曲折がありながらも、いよいよ終結決定の日を迎えることになった。2007年12月10日、東京地方裁判所より再生手続終結決定を受けた。そして年が明けて、私が代表取締役社長に就任した。父から経営を引き継いだ日から、実に10年の月日が経過していた。

振り返ってみると、再生終結までの3年間は悔しいことも多々あったが、社員との対話やキャディーたちとのゴルフコンペなど、楽しいことや恵まれたことも多かった。そして、このときの執行役員副社長の経験が今の自分を形成していると感じる。弁護士チームの下で経営ができたことは自分の宝だ。緊張感を持ちつつ着実に利益を上げていくこと。現場で社員を鼓舞し、お客様に喜んでもらえる施策を実行すること。心が休まる暇もなかったが、その分鍛えられた。

再生が終結し、社長に就任したことで、もっともっと会社を良くしたいと感じるようになった。この先も幾多の困難が待ち受けているのだが、このときは再生終結決定がすべてを変えてくれると信じていた。

経営者の孤独

2008年2月の取締役会を経て、正式に代表取締役社長に就任した。株式も買い戻し、新たな経営体制がスタートした。

新たなスタートに際して何か記憶に残ることがしたかった。そこで、社員アンケートや面談でも声が上がっていた社員旅行をすることにした。「再生会社が旅行?」と批判を受けることを覚悟していたが、全社員が一丸となって再建に取り組んでくれたことへの労に報いたかった。

約半年かけて「全社謝恩研修会」と称した社内旅行の準備を進めた。東京ディズニーランドからほど近いシェラトン・グランデ・トーキョーベイ・ホテルで研修会と謝恩会を実施し、翌日は社員に楽しんでもらうプランを立てた。

当日は早朝からバスを8台チャーターし、各ゴルフ場からホテルへ移動して、夕方から講演会を実施した。北海道で複数の旅館を経営する鶴雅グループの大西代表を招き、「100年ブランドの宿づくり~鶴雅再生58点からのスタート」と題した講演をしてもらった。大西代表は銀行勤務後に阿寒湖に戻り、父親から継承した宿を再生し、成長させている立志伝中の経営者だった。

初めて会ったのは民事再生中のときだ。大きい身体と艶々《つやつや》した丸い笑顔で、アドバイスを求める私たちを快く受け入れてくれた。温泉風呂、館内施設、料理、接客などすべてのおもてなしに感動した。それを実現する経営の仕組みもすごかった。「この会社から、この経営者から学びたい」と強く思った。強く思えば応えてくれる。その後も大西代表には弟のようにかわいがってもらい、経営について余すことなく教えてもらった。だからこそ民事再生が終結し、より良い会社を目指していく節目に大西社長に登壇してもらうことには大きな意味があった。

その後の謝恩パーティーには、来賓を含めて327人が出席した。来賓の紹介の後、代表取締役として挨拶した。高級ホテルの大きな宴会場の壇上から、300人以上の社員に向かって挨拶するのは壮観だった。

来賓宛ての挨拶状は「業界環境も厳しく、楽観を許すものではなく新たな出発点にすぎません」と記したものの、どこか到達点にいるような気持ちだった。前代表の白井先生が「ここまで皆さん、よく頑張りました」と乾杯の挨拶をしたときは、万感胸に迫るものがあった。

翌日、社員はディズニーリゾートでのホスピタリティー講座「ディズニーアカデミー」を受けてから、ディズニーランドで遊ぶ組と、浅草を中心に東京観光をする組に分かれて夕方まで自由時間を満喫した。

前日のパーティーとは打って変わって、ディズニーランドで過ごす時間は孤独だった。社員は皆グループで行動している。一方、私はというと本当に1人だった。ディズニーランドの敷地内ですれ違う社員には笑顔で挨拶するものの、ランチも散策も1人だった。

社長とはそういう存在なのかもしれない。社長と社員の間には大きな線が引かれている。一緒に遊ぶような関係を望んではいけないし、近寄っていってもいけない。孤独になる覚悟がなければ、社長という役割を担うことはできないのだ。

経営理念と「12の約束」

3年間の雌伏の日々を経て、温めていたことを実行する時が来た。

やりたいことリストの1番目が経営理念の策定だった。泥船が修復されて少し強い船になった今、何のために、どこに向かって、どんなやり方で前進していくのか。民事再生の終結決定から再生計画完了へと着実に前進していくためには、ずさんな経営と言われた過去を反省し、二度と同じ過ちを繰り返さないための指針であり、「ぶれない軸」となる経営理念が必要だった。

この頃には組織を構成する人材もかなり変化していた。新卒採用に加えて、中途採用にも積極的に取り組み、1人、また1人と仲間が増えていくなかで、同じ目的地に向かって一致団結するためにも価値観を示すことが必要だった。

経営理念は単に文字に残すものではなく、その意味を社員に浸透させなくてはならない。目に見えない理念を目に見える行動に落とし込むにはどうすればいいか。ザ・リッツ・カールトンをはじめ、さまざまな企業の資料やクレドを集めた。

大手ゴルフ場などのホームページをチェックし、各社の経営理念も調べた。しかし、見れば見るほど自社の狙いが定まらなくなった。他社を参考にしつつ自分なりの言葉でノートに書いてみるものの、腹に落ちてこない。きれいな字面が並ぶが「これだ」とは思えなかった。

そこで現場社員の声を再度見つめ直した。すると1つの気づきが生まれた。「社員たちは理想と現実のはざまで戦っている」ということだ。「目の前のお客様に喜んでもらいたい」というサービスマンとしての根源的欲求に対して、売り上げという現実的な課題も出てくる。人も潤沢にいるわけではなく、限られたスタッフで業務をこなさなくてはならない。理想通りのサービスは容易に実現できない。それでもお客様のために動く人たちの存在に気がついた。

栃木ヶ丘ゴルフ倶楽部の副支配人を務めていた松永さんが、その1人だった。プロゴルファーを目指す女子研修生だったが、民事再生申し立て後に「正社員にならないか」と誘った。個人面談をするたびに、松永さんは「お客様から帰り際に『楽しかったよ』『また来るよ』と声をかけられたときはとても嬉しく感じます」と、お客様への熱い気持ちを屈託なく話していた。

一方、仕事に対する思い入れの強さゆえに、「売り上げと笑顔、どっちが大切なんですか！」と私に詰問してくることもあった。それほどにお客様への思いが強い社員だった。松永さんのように現場で働く彼ら、彼女たちの思いを大切にしたい。だからこそ、会社の目標であるビジョンはお客様に向いていてはならないと腹落ちした。

経営理念を作る過程ではコーチングも支えの1つになった。週1回、電話で経営理念に対する思いや難しさをコーチである鈴木さんに語り、問いを受け、再び現場に出て考える。コーチングには答えは教えないという鉄則がある。ただし、時折ヒントはもらえる。あるとき鈴木さんからもらった資料に、ビジョンとは「期限のある達成目標、活気の源となる目標」、ミッションとは「存在意義、追い求める理想」、価値観とは「守り抜きたい価値」だと記されていた。

大いに参考にさせてもらったが、ミッションとビジョンはすんなり理解できるものの、価値観については理解が深まらなかった。そこで今一度、そもそも価値観とは何かを考えてみた。価値観を、物事を判断するときの優先基準と捉えると一気に分かりやすくなった。鹿沼グループでは価値観ではなく行動指針、すなわち信条（クレド）という言葉にしようと思い立った。

行動指針を考えるには、リーダーとしての強固な信念が必要だ。そこでマインドマップを使って「福島範治」という自分自身の価値観、信念を棚卸しした。マインドマップとはトニー・ブザンが開発した思考の表現法で、頭の中で考えていることを脳内に近い形で描き出すものだ。トニー・ブザンの著書を読んでから、7色のペンを使って描き出してみた。それは私にとって、これまでの人生を振り返る時間でもあった。

家族、友人、学校、ラグビー、そして仕事。自分はこれまでどんな思いを持って行動してきたのか。今は何に喜びを感じているのか、今までどんなことに怒りを感じたのか。社員やお客様とは何でつながっていたのか、再生まで歩んできた自分の軸は何だったか。

私の人生において、大切なことをキーワードとして書き出すと20個くらい出てきた。20個をさらに絞り込み、最終的に12個の行動基準を定めた。

こうしてミッション、ビジョン、信条【12の約束】という、当社初となる経営理念ができた。

ミッションは「私たちを取り巻く全ての人々の笑顔を生み出す」。

ビジョンは「『また来たい』と思ってもらえるゴルフ場を目指して」。

追い求める理想は「笑顔」であり、その「笑顔」は心と体の幸せを表している。ビジョンにある「また来たいと思ってもらえる」ことは、社員のやりがいにつながると同時に、お客様の満足度が高いゴルフ場を目指すという宣言でもあった。これは企業再生の完結にもつながる。

そのために私たちは、信条「12の約束」を実行していくとした。「12の約束」の1つ目は「お客様第一」とし、最後は「感謝の心」で締めくくった。

課題は、これをどのように社員に伝えていくかだった。口頭で伝えるだけでは忘れられる。現場で日々使ってもらうために名刺大のカードにして全社員に配布し、説明会を実施した。

この後、10年にわたりアンケートを取ったところ、経営理念の浸透度は、5点満点中4点を超えるようになった。朝礼で、社員がボロボロになったビジョンカードを持っているのを見るのが嬉しかった。使い込んだカードからは、社員の日々の活動が見えてくるようだった。

経営理念は理想にすぎないのかもしれない。しかし、理想がなければ苦しい現実を生き抜くことはできない。理想と現実を行ったり来たりしながら日々、経営や現場の仕事に向き合うプロセスが、人の成長を促してくれる。理想と現実は永遠のテーマであるが、理想こそが私たちを強くしてくれるのだ。

ゴルフ場経営の要諦

『事業再生要諦』という名著がある。著者は日本興業銀行を経て企業の事業再生などを手掛けた越純一郎氏。再生フェーズにおいては、この本に勇気づけられることが多かった。要諦とは物事の最も大切なところ、肝心かなめの部分という意味だ。越氏が言う事業再生の要諦は「志」と「経営力」。リーダーの持つ信念が重要だという。

ゴルフ場事業再生の要諦は何かと問われたら、今なら明確に答える自信がある。だが、この時点で同じ質問をされたら答えられなかった。企業再生の途上では不採算事業の売却、人件費削減、コスト削減など、どの事業再生関連本にも書いてあるベーシックな施策が中心だった。ここから先は、マニュアル通りの手法では収益を上げ続けられない。ゴルフ場事業の価値をどのように上げていくのか。明確なメソッドはなかった。

再現性を生み出せない1つの理由は、自然が相手だからである。ゴルフ場の最大の商品はゴルフコースであり、コースの良しあしが顧客満足を左右する。10年の弁済期間に必要な収益を上げていくためには本業であるゴルフ場、それもコースの再生が求められた。

だが、ゴルフコースという自然は容易に扱えるものではない。コースレイアウトを大きく変えることはできない。高齢者がプレーしやすいコースに改造したり、有名な設計家を入れてコースレイアウトをアップグレードする造成工事を行ったりするには多額の費用が必要になる。しかも、これらの施策が、必ずしも顧客満足や客単価を高めるという保証はない。

自分たちの収入の範囲内で何をすればいいのか。何しろラグビー部出身でゴルフ場を承継するなど思いも寄らなかったため、私は当社に入社するまでゴルフそのものに触れたことがなかった。

ゴルフ場を継いだ友人の多くはゴルフ部出身でゴルフへの造詣が深く、コースに一家言あった。オーナー自らこだわりを持ち、コースを回りながら草木一本に至るまでグリーンキーパー（コースメンテナンスの管理者）に事細かに指示をする。私にはそういうことができない。ゴルフコースを自分の作品のように創り上げることができる他の経営者たちがうらやましかった。

せめて勉強だけはしようと芝草管理技術者試験を受験し、コース管理の本も読んだ。一通りの知識は得たが、それでも本質がつかめない。周囲の役員や支配人に「どうすればいいコースが作れるか」と聞いても、明確な答えは得られなかった。実際のところ、コース管理予算書が稟議書として上がってきても、記載されている農薬や肥料について経営陣は誰も理解できておらず、何を聞いても「キーパーに任せてあります」という答えしか返ってこなかった。

経営陣がコース管理を把握していないために、過去には資金や経費のムダ遣いが生じたこともあった。民事再生手続き前のことだが、資金繰りの改善のためにコースメンテナンスの予算を20％削減した際、結果的にコースの状態が良くなったことがあった。どうやら芝の肥料などが過剰に購入されていたようだった。管理予算を削減したのにコースが良くなるのを見て、自分には訳が分からなかった。

コース管理のことが分かっていない経営陣と、キーパーなどコース管理をする現場スタッフをつなぐ存在が必要なのは明白だった。コース管理を熟知していて、経営のことも理解してくれる人材や会社を求め、さまざまな人に訪ねて回った。

大手造園会社の芝草管理部門や、大手グループ系列のコース管理委託業者にも会った。全国のゴルフ場の約30％は外注だと聞く。ならばコース管理専門の業者に任せればいいと思ったのだが、ダメだった。出てきた見積書は私たちが出せるコストより高かった。

外注するのは賢い選択の1つであると思う半面、ゴルフ場経営の要諦であるコース管理を外注に出すことは、経営者としての重要な役割を放棄しているような気もした。外部の知恵を入れながら、自分たちで現場を動かし、ノウハウを自社内に蓄える。それができなければ再生もできないと、コース管理のことが分かっていないにもかかわらず、そんなことばかり考えていた。

専門家も紹介してもらった。「私に任せてください」という人にコースの視察をお願いし、機械やスタッフについて意見をもらった。もっともらしく感じられるアドバイスだったが、どうもしっくりこなかった。ただでさえ分からない分野だ。違和感を覚えるような人に任せることなどできない。

人材探しに行き詰まるなか、当時のゴルフ雑誌の編集者から電話をもらった。以前インタビューを受けた際に「コース管理の専門家を探している」と話したことを覚えてくれていたのだ。

「福島さん、Eさんはどうですか？」

Eさんは米国のグリーンキーパー協会にあたる米GCSAAの認定資格を持ち、北海道初となる小樽カントリー倶楽部での日本オープンを成功させた伝説のキーパーだった。

Eさんのことは知っていたし、セミナーを受講したこともあった。質疑応答で手を挙げ「グループコースでは統括責任者が重要ですか」と尋ねたところ、Eさんは「いや、グリーンキーパー一人ひとりが大切です」と明快に答えてくれたのを覚えていた。コース管理にとって重要なことはノウハウではなく、人材だという考え方が私にはしっくりきた。

Eさんに会って話を聞くと、現業と兼務しつつ、コース管理のアドバイザーのような仕事を始めるタイミングだという。数日間にわたり対話した。これまでの経緯、現状の課題、そしてこれからについて。Eさんの回答は一貫して「すべては人材ですよ」だった。

Eさんと3年契約したい。前のめりになった私だったが、社内からは反対する声が出た。秋沢専務（常務から昇格）は「結果の保証がない3年契約は無理です。費用が高い」と強く反対した。そこでEさんに提案書を作成してもらい、社内を説得し、やっとの思いで契約を結んだ。こうして新体制でコース管理を再スタートした。

近隣の研修会場にコース管理スタッフを全員集めて、Eさんを紹介した。新体制における目的や目標も発表した。4人のキーパーとはそれぞれ事前に話し合い、Eさんに指導を仰ぐことへの了解をもらっていた。しかし、実際のところ歓迎されていなかった。説明会に漂う、お手並み拝見的な空気を肌で感じた。Eさんが入ったことで、既存の取引業者からはEさんへの誹謗中傷のファクスが届いたりした。それでも自分の決断を信じて改革を推し進めた。

芝草の検体を取って土壌分析を行う科学的管理手法を取り入れたところ、芝がメタボ状態、つまり肥料漬けだったことが分かった。そこで肥料を極力減らし、刈り込み回数を増やし、砂を今までの何倍も蒔くというやり方に変えた。何よりも強く求められたのが「丁寧な仕事」だった。

しかし、月に1回しか来ないEさんの見えないところでキーパーとの齟齬《そご》が生じていた。言ったことをやらないという面従腹背の状況が続き、Eさんとも何度も話し合った。Eさんを取るか、キーパーを取るか。過去を大切にするか、未来に期待するか。

悩んだ末、キーパー4人の人事異動を決断し、次世代のチーフクラスをサブキーパーに抜擢した。キーパーから外された4人には新たな仕事を命じたが、2人は結果的に退職した。旧キーパーに師事した社員も一部退職した。

再生まで支えてくれたスタッフと、こうした形で袂を分かつことに心が痛んだ。辞めてもらいたいわけではないと、自分なりの正義感で必死に自分自身を納得させようとした。外部の知恵を借りながら結果を出すにはすべてを人任せにせず、経営者自身が本気になることが必要なのだ。経営者が先頭に立たなくてはいけないことを思い知った。

このとき残ってくれた2人のうち、1人は富士御殿場ゴルフ倶楽部の営繕部門の責任者に転じ、身を粉にして長く働いてくれた。もう1人の手塚さんはコース管理事務局長を経て、現在は新設のリネン事業部責任者として70歳近くになっても破顔一笑、走り回っている。

辞めていった2人は他社でコース管理に従事したそうだが、その後は知らない。それぞれの心情を慮れば苦しいが、経営者たるもの、変革に伴うハレーションは覚悟しなくてはならない。だからこそ、笑顔で勤め続けている手塚さんには感謝しかない。Eさんとのコース管理改革がなければ、今の鹿沼グループのコースクオリティーはなかった。

不動産業からサービス業へ

新たなサブキーパーによる改革は順調に進んだ。新卒社員も加わった。再生終結を経てリース会社も協力してくれるようになり、大型機械の入れ替えも進んだ。「新たな作業方針×新卒人材×機械購入」という掛け算により、コースクオリティーは向上していった。

残ってくれた会員からの「コースが良くなったよ」という褒め言葉が、何よりの原動力だった。以前は脇役だったコース管理が主役になった。働くスタッフの誇りとなる、自慢できるコースクオリティーに昇華したのだ。後に、その年度に最も貢献した社員を表彰するＭＶＰ制度を導入したが、コース管理者が受賞者の常連になった。

私はというと、再生終結決定をもらって代表取締役に就任してから、日に日に自己肯定感が高まっていった。メディアからの取材も受け、自信をつけつつあった。そんななか、上には上がいることを身をもって知る出会いが重なる。北海道の鶴雅グループで内藤先生というサービス業の生産性向上を専門にする研究者に出会い、付き合いが始まった。

内藤先生が主催する勉強会に参加した。「葉山ミーティング」と言われた伝説のセミナーだ。サービス業界のトップランナーたちが集まり、自らの事例を公開しながら夜まで話し合う。松下村塾のような勉強会だった。ここでオオクシの大串社長にも出会った。

彼らは皆、すごかった。経営理論も、実行力も、実績も群を抜いていた。結果を出している経営者は違う。彼らの話を聞き自信を失いそうになった。彼らと自分を比較し、「自分は何をやってきたんだろう」と、悔しさというより途方に暮れるような感覚に襲われた。

大浴場の湯船である経営者と一緒になった際、経営のあり方について熱く話し出し、あまりの熱量に湯船を出るタイミングを逸し、クラクラと倒れそうになったこともある。皆、それだけサービス業の改革に真剣で、本気だった。

1円にこだわり、必死に知恵を出し、改善を重ねていく。サービス業の神髄である。彼らの細かな努力を見聞きし、これまでのゴルフ場がいかに不動産業にすぎなかったかを思い知った。ゴルフ場という資産を利用して、会員権という形で預託金付きで販売する。資産の証券化のようだが、結局はその預託金と手数料で現金を確保していただけだった。

ゴルフ場はサービス業ではなかったのだ。この会合に参加したことで、ゴルフ場が不動産業からサービス業に転換する必要性を痛感した。

この頃すでに外資系の大手ゴルフ場が業界を席巻し、黒船として低価格化を進めていた。大手のコストリーダーシップ戦略の下、コストパフォーマンスでは太刀打ちできなくなっていた。また、「楽天GORA」や「ゴルフダイジェスト・オンライン」などのポータルサイトも出現し、予約の一元化が進んでいた。

大きな波に対抗するには、サービス業として原点に戻り、1円を大切にしながらサービスに磨きをかけていくしかない。コース管理の品質やレストラン改革、接客の向上、メンバー（会員）を大切にする運営など、私たちにしかできないことに力を入れて強みに変えようと腹をくくった。

その中でも、やはり鶴雅グループの取り組みは大いなるベンチマークだった。毎年、鶴雅グループを訪問しては、経営の仕組みをまねさせてもらった。

あるとき、大西代表から厚さ3センチ、サイズも大きな旅館経営について書かれた本をもらった。そこには鶴雅グループが実践してきたISOへの取り組みが細かく記載されていた。サービスを品質と捉えて、ISO9001を基準に顧客満足を高める仕組みだった。衝撃的な内容だった。ここまでしないと日本一は取れないのだと知った。

大西代表に聞くと、「この本があるのに他の旅館はやろうとしない」と嘆いていた。「うちでやってみたい」と強く思い、当社でもISO9001に取り組むことにした。鶴雅グループでISOを指導した瀬尾先生にコンサルティングをしてもらった。そして、栃木県内のゴルフ場としては初めてISO9001を取得した。

ブランディングにも挑戦した。鶴雅グループでは、部屋に設置されている便せんからパンフレット、館内掲示物まで見事に統一されていた。ロゴマークもデザインも、すべてが洗練されていた。翻って自社を見ると、すべての制作物の方向性がものの見事にバラバラだった。看板からロゴマークに至るまで、色合いからして不揃いだった。

何とかしたいと思い、ホームページをリニューアルしたときに知り合ったオフィスオリオという会社のデザイナー、若松さんに相談したところ、コーポレート・アイデンティティーの統一から始めようという話になった。

しかし、このプロジェクトに対し社内では反対意見が出た。ある支配人は「封筒の字は読めればいいのではないか。そこにコストをかける必要はない」と言った。そんなとき、若松さんが「手に触れるもの、目で見るものすべてがお客様にとって商品です」と教えてくれた。制作物はすべて自社のものであり、丁寧に作らないと思いは届かない。細部にまで思いを込めることの大切さを学んだ。

「おもてなしのできる個性あるゴルフ場へ」という変革のテーマを掲げながら、経営改革は着実に進んだ。社員とのバースデーランチを実施し、一人ひとりに誕生日カードを書いたりもした。社員アンケートを通して、皆の心が前向きに変化しつつあるのを感じていた。

そんなとき、2011年3月11日を迎える。

東日本大震災

東日本大震災が起きたその瞬間、私は都内にある東京會舘のコーヒーショップで打ち合わせをしていた。「おっ、地震だ」と思うと同時に館内が大きく揺れた。外を見ると皇居前の街灯が左右にしなっていた。コーヒーショップの天井からは、煤《すす》のようなものが降ってきた。余震が続くなか、店内はパニック状態となった。

早々に打ち合わせを切り上げ、ひとまず歩いて神田に向かった。皇居の周りには大企業の建物から避難したヘルメット姿の人々が列をなして歩いていた。歩きながら携帯電話で各ゴルフ場に電話をかけたが、つながらない。「ゴルフ場はどうなっているのか」。焦りながら早歩きで神田のオフィスに戻った。

事務所の小さなテレビをつけると、各地域が大変なことになっていた。ゴルフ場も火事にでもなっていやしないかと不安が増幅した。高速道路も閉鎖されている。東京にいて何もできない自分自身にやきもきしていた。夕方くらいだろうか。鹿沼の本部にようやく電話がつながった。本部にいた別井さんたちが現場を回りながら情報収集にあたってくれていた。素早い対処に、ひとまず助かったと胸をなで下ろした。

すべてのお客様の無事を確認し、社員全員の安否確認も取れた。各コースや施設に大きな被害はなかったが、鹿沼カントリー倶楽部のクラブハウスや階段などにひび割れなどの被害が出ているとの報告を受けた。それくらいで済んでよかったと思いつつ、夜まで各コースと連絡を取り合い、支配人から状況を確認した。幸いにも一部の施設を除いて営業を続けられる状態だと判断し、「1人でもお客様がいらしてくれる限り営業しよう」と営業継続を指示した。

翌日、東名高速経由で富士御殿場ゴルフ倶楽部を見に行った。翌々日には東武特急スペーシアXが動くことが分かった。新鹿沼駅に着き、迎えに来てくれた社員とともに静まりかえった街中を通り抜け本部に向かった。皆の元気そうな表情を見てホッとしつつ、すぐさま別井さんたちと一緒にゴルフ場に行った。

破損は全部で60カ所以上あることが分かった。バリケードを設置するなどの応急処置を指示し、修繕が必要な場所については地元の工事業者に依頼した。このような非常時に力になってくれるのは地元の関係業者だ。そのことを、この後に続く災害でも思い知ることになる。

特に破損が激しかった鹿沼カントリー倶楽部では、男子浴室の浴槽にひびが入って使えなくなったため、シャワーのみ使用可とした。食材が入ってこない可能性も考えられた。そこでレストランは、限定メニューでの対応に切り替えた。ガソリンも入荷できそうになかったためコース管理の内容も最低限に絞り込み、出勤体制も縮小するように指示した。

これらの初期対応がよかった。営業するのか、しないのか。営業するとしたらどのような体制で行うのか。緊急事態が発生したときは早めに指示を出すことで混乱を防げる。


肝心の顧客動向はというと、震災翌日の営業はかろうじて50人ほど来場してくれたが、翌週から計画停電が始まり、来場者数は急減した。ガソリン不足と消費自粛というマイナスの波にも襲われた。お客様からは「ゴルフバッグを隠してきたよ」「こんな時にゴルフなんて非国民だよな」など、ゴルフに来るのが悪いことであるかのような悲しい声も聞こえてきた。

3月の来場者数は前年比50％台となり、資金繰りを含めて先を見通せない危機的状況に陥った。民事再生申し立て以来の会社存続の危機だった。

スタッフたちは不安感に苛《さいな》まれていた。不安を払拭するためにも、緊急対処を指示するだけでなく、この危機をどう乗り越えていくのかという指針を示す必要があった。

鹿沼に泊まり込み、本部の事務所で夜中まで対応策を考えた。やるべきことがスラスラと出てきた。現場を知らずにゴルフ場の経営者になってしまったことへのコンプレックスの裏返しで、今こそ自分が必要とされているという感覚を抱いていたのかもしれない。

4月初旬に「事業継続緊急計画」を発表した。経営理念の実現と、4つのゴルフ場の存続を目的に掲げて具体策をまとめたものだ。内容はシンプル、かつ短期集中型とした。

具体的には、現状の経営計画をいったん中止し、接客は「笑顔の挨拶」のみに集中した。営業方針は個人・地元・メンバーに絞り込み、コンペ対策などはとりやめた。

資金面では固定費の削減を打ち出し、止血策として人件費や経費の20％削減を断行した。私の報酬は50％カット、役員報酬も10％カットとした。正社員の給与は現状を維持したが、パート社員の出勤体制を見直し、人件費の変動費化を図るべく、業務のマルチタスク化を推進した。

経費面ではレストランのメニュー数、コース管理作業などを一時的に縮小し、ＩＳＯのコンサルティングや接客研修なども中止した。まずは半年間、トップダウンでこれらの計画を実行し、危機を乗り切ることを目指した。

ゴルフ場ごとに全社員を集めて、緊急計画の説明会を行った。

「私たちの仕事が世の中に必要とされていることを証明し、未来ある皆さんの雇用を守っていくためにも、１人でも多くの皆さんにご理解、ご協力いただきたい」と、集まった社員の皆に頭を下げた。そして計画を実行に移した。

収支は改善し、私たちは着実に危機を乗り越えていった。何よりも、想定以上にお客様の戻りが早かった。当初の見込みでは、震災後1年間は良くても前年比80％くらいの顧客数で推移すると試算していた。しかし、5月に入るとお客様が一気に戻ってきた。その大半が会員だった。

この時期、メンバーの来場比率は10％以上伸びた。しかも、来場したメンバーから温かな応援メッセージももらった。「頑張って」。この一言に私たちは元気をもらった。

民事再生後、私たちには資金がなかった。大きな設備投資は難しく、ひたすら自分たちにできることに力を注いできた。その中でも、スタッフの接客こそが大切な商品力だと信じ、接客や挨拶に力を入れてきた。アットホームなゴルフ場を目指したことが、会員の皆さんにホームコースへの強い思いを抱いてもらうことにつながったのかもしれない。

メンバーにとってゴルフ場は非日常ではなく、日々の生活の中にある楽しみであり、憩いの場である。だからこそ、高速道路が使えなくても、ゴルフバッグを隠しながら電車で来てくれる人までいたのだ。

東日本大震災を機に、今までできていなかった業務のマルチタスク化を推し進めた。予約数が少ないときは出勤者を絞り込み、1人の社員がフロントからクローク、レストランの業務までを手掛けるように指示した。

単独業務に慣れていたベテラン社員とは違い、若い新卒社員は積極的に協力してくれた。普段は保険手続きを担当している総務のマネージャーがレストランのサポートに行き、「君は何役やっているんだね」とお客様に褒めてもらったという声も聞こえてきた。部署を超えて協力することを通じて、他部署の仕事を理解できるという声も上がった。課題であった人件費の変動費化と顧客満足度の向上を同時に実現できた。

２０１１年7月には来場者数が回復傾向に入り、コストカット効果もあって、収益もV字回復した。自分の中ではピンチをチャンスに変えているという自負心のような思いがあった。生産性の向上方法を指導してくれていた内藤先生の著書の中でも、当社の取り組みを紹介してもらった。いつもは厳しい先生に認められたようで晴れ晴れしい気持ちもあった。

自分たちはうまくやれている。多少の驕りがあった。私にはいい面しか見えていなかった。

午前6時の怪文書

虫の知らせだったのか。その日はなぜか朝早く目が覚めた。

6時過ぎに鹿沼の本部事務所に着いた。もちろん一番乗りだった。2階の事務所につながる階段を駆け上がっていくと、ドアのシャッターに紙が貼ってあるのが見えた。「差し押さえ通知でも貼られたのだろうか」と嫌な予感がした。

近づいてみると、それは「福島社長へ」という題名の文書だった。

A3版の紙にワープロで書かれたその文書は、ガムテープで乱雑に貼られていた。一瞬、破り捨てようかと思ったが冷静さを取り戻し、きれいに剝がした。そしてシャッターを開けて事務所に入り、一番奥にある自分の座席で文書を読んだ。そこにはこう書かれていた。

「福島社長、わたしたちにどれだけ頑張れというのか。あなたが社長になってから最悪の会社になった。自己革新からマナー、セミナー、セミナー教育、教育、教育、教育、教育。手一杯の人数で仕事をしているのにずっうーとずっうーと何年も追われてばかり。残された人たちはいつも忙しくイライラ。あなたはそんな簡単なことも分からないのですか。この人が足りない時にのこのこ会議に出てきてコミットメントの進捗とか数値化だのいいかげんにしたらどうですか。顔も見たくない。逆なでばかりであんたのバカ笑いが鼻につく。内藤コンサルの顔も見たくない。お客第一に考えていないのは社長と本部だ。一日の仕事をちゃんとさせてくれ。

バカ取締役たちは社長の暴走を止められないのか。自分の身がかわいいか。私たちの頑張りで御殿場なんか助けるな。どうして鹿沼で富士山ラスクをうらないといけないのか。経営センスはあるのか。酔狂には付き合えない。やったことは子供じみたことばかり、幼稚園なみのバースデーランチ。手紙をくれているけど私たちの何が分かっているのか。サンクスカード。ディズニーランドで集会。何かあるたびに鶴雅、鶴雅。結論はあなたが鶴雅に人事異動してもらうのが、お客さんと従業員のためには一番ベスト。言っておきますけどこれは私ひとりの意見ではない。本音で署名なし丸バツでアンケートでもしてみたら分かる。いなくなってくれ。本部も必要無し、仕事をつくるだけ」

文書を持つ手が震えていた。

悲しみ、悔しさ、怒り。それぞれが混ざり合ったようなやるせなさがこみ上げてきた。しかし、不思議と涙は出なかった。感情的な自分をA面とすれば、B面の合理的な自分がこの文書をどう処理すべきかを冷静に考えていた。

こんな文書を書いた本人に、どうけじめをつけさせればいいのか。「こんな文書が独り歩きしたら、頑張っている社員に迷惑だ」という義侠心にも駆られ、ふつふつと義憤が沸いた。そして頭の中で「どこの誰が書いたんだ」という犯人捜しが始まった。

文書の内容から鹿沼72カントリークラブの社員であることは間違いない。数日前に鹿沼72カントリークラブの役職者会議で部門コミットメントの進捗確認をしたばかりだし、富士御殿場ゴルフ倶楽部の支援もそのとき議題に出ていた。

鹿沼72カントリークラブに行き、すぐさま支配人を呼び出した。文書を見せた瞬間、いつも淡々としている瀬崎支配人がギョッとした顔に変わった。

そして「うちの管理職だと思います。すいません」とお詫びの言葉を口にし、犯人と思しき人物の名前を挙げた。それを聞いた私は、大人の対応をしなくてはと自分に言い聞かせながら「犯人を捜したいわけではありません。そして、謝ってほしいわけでもない。皆が本当にどう思っているか聞きたいだけなのです」と言った。

そして「今日の夕方、管理職を緊急招集してください」と指示した。管理職を全員集めて一人ひとりを見極めてやる。組織のために犯人を排除しなくてはならないと、このときの私は強く思っていた。

緊急会議は1階裏側にある薄暗い応接室で開かれた。支配人、マネージャー、各部門リーダーと、鹿沼72カントリークラブの所属長10人が全員集まった。

初めての自分への誹謗中傷。私にとって、どうにも消化できない事件だった。退路を断ってでも本気で社員と対峙しなくてはならないという覚悟を持って、会議の席に臨んだ。

「なぜ急に集められたのか」と怪訝《けげん》そうにしている参加者たちを前に、私は文書を読み上げた。読みながら一人ひとりの反応をうかがったが、誰が書いたのかは分からなかった。そこで一人ひとりに意見を聞くことにした。

「ここには『これは私ひとりの意見ではない』と書いてある。もし、ここにいる皆さんがこの文書を書いた人と同じ意見だというなら、私は鹿沼72の経営者を辞任します。新しい経営者の下、皆さんで頑張ってください。もしそうでないというなら、意見をしっかり聞かせてください」

辞任という言葉を使いながらも内心、ここで負けてなるものかと強い口調で言い切った。

口火を切ったのは経理担当だった。「この文書にある御殿場の資金支援には納得がいかないし、この文書を書いた人の気持ちは分かる」と発言した。

2人目に発言した役職者は「この文書に書かれていることに共感します」と答えた。「皆は現場で苦労している。そのことを社長も分かったほうがいい」と、口調は穏やかながら目は怒っているように見えた。やはり皆もそうなのか、と気を落とした。この流れで行けば、全員が賛同することになってしまわないかと不安に襲われた。

3人目は、研修生から社員になったキャディーマスターの杉山さんだった。実は、経営者人生の中で数人の社員に本気で怒りまくったことがある。そのうちの1人が杉山さんだった。

ある事件が起こり、鹿沼72カントリークラブの一番奥にある小部屋に呼び出し、厳しく叱責した。これからの将来を期待していた杉山さんに、自分の気持ちを分かってほしかった。「自分との約束が守れないなら会社をやめちまえ！」。今のご時世なら完全にパワハラだ。

この一件の後、杉山さんは期待に応えてくれた。キャディーたちの信頼を勝ち取り、キャディーマスターとして忠実に努力し、活躍していた。その杉山さんが声を上げた。

「私はそうは思いません。今は経営が厳しいとき。社長とともに頑張りたい」

続いて調理長も声を上げた。「怪文書のようなやり方には納得できない。腹が立つ。自分はここまで頑張ってやってきた。だから会社を守りたい」。

2人の勢いに押されたのか、場の流れが一気に変わった。残りの所属長たちも「自分は同意しない」と声を上げ始めた。

皆の声を聞いているうちに、犯人を見つけ出そうとしていた自分のことが、急に恥ずかしくなった。「1人でも私とともに進んでくれる人がいるのであれば、経営は続ける。この話はこれで終わりにしよう」。そう言って打ち切った。

数日後、ある社員が突然、私の部屋にやってきた。そして涙ながらに訴えてきた。「私が書いたという噂があるようですが、私は決して書いていません。家族もいます。仕事を続けさせてください」。彼の言葉に対して私は「信じています。引き続き頑張ってください」と伝え、堅い握手をした。踏み絵のような会議で犯人捜しをしたことに、経営者としての自信のなさや未熟さを感じた。紙切れ一枚の怪文書に振り回された自分が情けなかった。

怪文書が出た原因は、マルチタスク化で一人ひとりの業務負担が増えた上に、震災による業績悪化で賞与を減額したことにあると私は考えた。外部要因に伴う体制の変化や業績不振は仕方のないことのように思える。しかし社員からしてみたら当然ではない。

どんな外部環境に置かれても、生き残り続ける強い会社にしなくてはいけないと、怪文書から学んだ。そして翌年、V字回復した利益分は賞与として社員に還元した。

もう1つ、怪文書を通じて改めて心に刻んだことがある。それは、社員にはそれぞれ人格があり、一人ひとりを大切にしなくてはならないということだった。ごく当たり前のことだが、いつしかその意識が薄れていた。

そこで、怪文書では「幼稚園なみ」と揶揄されたバースデーランチをあえて復活させた。震災後はランチ会を中止していた。再開しなかったのは震災が理由ではなく、欠席者が多くなり私自身が開催する目的を見失っていたからだった。

バースデーランチの目的は、社員に、社長である自分の人となりを知ってもらうことではなく、私が皆を良く知り、一人ひとりに感謝を伝えることだ。怪文書では「私たちの何が分かっているのか」と問われた。社員のことを完璧に理解することはできない。だが、分かろうという努力は続けるべきだ。

怪文書から学んだことを忘れてはいけないと思い、私は文面をコピーしてノートに挟んだ。そして数年間持ち歩き続けた。あるとき、このことが白井先生にばれた。「もう、そんなことにこだわらなくてもいいんじゃないの」と言われたのを機に、怪文書のコピーをシュレッダーにかけた。今となっては、あのとき開いた緊急会議の記憶もセピア色に映る。

社員の気持ちが理解できるかと問われれば、それは永遠に難しいだろう。そして、社員の気持ちが分かるAI（人工知能）ができたとしても私は使わないだろう。人の心はコントロールできない。再び怪文書が出回るようなことが起きても、社員との間にどんな軋轢があっても、すべてを自分の肥やしにし、危機を乗り越えていけるしたたかな経営者に成長しなくてはいけないのだ。

この時期に私が作った文面がある。そこには「1000年に一度の危機」と強調した言葉が書いてある。だが実際には、この後もさまざまな危機に見舞われた。

危機を乗り越える力はどのように身につけていけばいいのか。文面の最後には、「あの日が大変だったと、笑って話せる日のために頑張ろう」と書いてある。

危機を乗り越えた今、当時を振り返っても決して笑って話すことなどできない。しかし、私たちは振り返らねばならない。結局のところ、危機を乗り越える力を身につけるには、過去を振り返り、教訓を胸に刻み付けながら強く生きていくほかないのだろうか。

父との別れ

「前門の虎、後門の狼」。悪いことが重なることを意味することわざだ。中国の故事から来ている言葉だが、虎と狼に挟まれては勇者も太刀打ちできない。

２０１１年は、これでもかというくらい悪いことやつらいことが続いた。ここまでの人生においてもさまざまな苦難があったが、２０１１年の比ではなかった。危機を乗り越える特効薬はない。ただ苦難の連続が、その先の人生に向けた耐性を付けていく。

東日本大震災から2カ月後の5月14日深夜、父が亡くなった。84歳の誕生日を迎える13日前だった。震災が起きたあたりから急激に衰えていった。食べることが何よりも好きだった父が食べなくなった。大好きな饅頭にも手を付けない。

長い間の介護生活で褥瘡《じょくそう》がひどくなっていた。介護する母の気力や体力も限界を迎えていたので、知り合いの医者に相談して、都内の大学病院に入院させた。これで少しは回復してくれるかもしれないと、かすかに期待を抱いていた。

入院の翌日、牧師先生がお見舞いに来てくれた。ミッションスクールの青山学院に小学校から通っていたこともあり、私は小さい頃から教会にはよく足を運んでいた。病室に来てくれたのは、当時私が通っていた教会の主任牧師だ。

牧師先生は到着するなり、父の手を握って祈りを捧げてくれた。その後、足先を触って外に出た。そして私と母を呼んだ。

「お父様の聴覚は機能しています。臨床的にも証明されています。ですので、病室で決して悪口など言わないように。今までの思い出や感謝の気持ちなど積極的に伝えてください」

母が病室に戻った後、牧師先生は私を呼び止めてこう告げた。

「足先を触りましたが、かなり冷たくなっており、先は長くないと思います」

何人もの臨終に立ち会っているので分かるのだという。私も少しばかり覚悟が生まれた。

この日は私が病院に泊まることになった。先生の教えに従い、夜、ベッドの横でこれまでの思い出話や父への感謝の言葉を伝えた。

父とモーターショーに行ったこと。父と鹿沼の別荘で過ごしたこと。父とバンコクに行ったこと。父と腕相撲をしたこと。父に2階の自分の部屋までおんぶしてもらったこと……。父と過ごした時間は決して多くはない。普通の親子よりもかなり少ないと思う。しかし、伝えたい思い出は山のようにあふれ出た。あれも、これもと話しているうちにベッドの横で寝落ちした。

ふと気が付くと、心電図が表示される機械から「ピー」という音が鳴っている。まずいと思った瞬間、先生たちが駆け足で入ってきた。

私が語った思い出や感謝は父に聞こえていたのだろうか。先生たちが緊急処置をしている間、父の目から涙がこぼれ落ちた。その瞬間、父は地上からの別れを告げた。大急ぎで母を呼んだが、疲れ果てていた母は電話をしても起きなかった。

翌朝、牧師先生に相談し、父は信者ではないが、教会で葬儀をあげさせてもらうことになった。会社の役員に話したところ、鹿沼にいる正妻さんに連絡しなくてはならないことになった。鹿沼に遺体を戻すのが常識だと思うが、私はどうしても母に見送りをさせたかった。その考えに宇都宮にいる異母兄弟の兄と弟も了解し、父を見送りに東京まで来てくれることになった。

教会での葬儀は身内だけの小さなものだった。事業家であり、ゴルフ場の地主でもあった祖父の葬儀を鹿沼72カントリークラブで行ったときには、3000人以上が弔問に訪れたと聞いていたが、父の最後は30人ほどだった。それでも十分だった。

父は思いのほか穏やかな表情で、まるで眠っているかのようだった。最後の別れのとき、母は頬ずりをして泣いていた。

「パパ、ありがとう」

散々な思いもしたと思うが、それ以上に愛があったのだろう。籍に入れてもらえず、一緒になってからは苦労も絶えなかったと思う。愛しているというのはこういうことかと感じた。

我が家で父が倒れてから亡くなるまでの14年間、母は父の介護生活を支え、常に父に寄り添った。父の闘病中には生活費がなくなるなど、さまざまな困難に見舞われた。成功の象徴のような目黒・青葉台の自宅も、銀行の指示で売却を余儀なくされた。

それでもなお、母は1人では移動できない車いす姿の父の面倒を最後まで見ていた。下の世話はもとより、ひどくなった褥瘡を消毒する姿は目を覆わんばかりに大変そうだった。

父と母はジェットコースターに乗ったまま、シーソーをしているような男と女だった。

2人が共に幸せだった期間は短かった。シーソーのように、父が上がれば母は下がる。父が下がれば母は上がる。しかし、最後の14年間の介護生活を経て、母は「パパと一緒に過ごせた一番長い時だった。パパに会えて幸せだったわよ」と言い切る。

「パパには夢があった」と常套句のように言う母に、母の夢は何かと尋ねたことがある。母は「あなたがパパの仕事をすることだった」と言った。私が後継になることが母の夢だったのだ。

近隣の葬儀場に行く車に乗った。外を見ると、太陽の光が雲の間から光線のように地上に降りていた。不思議な空だった。牧師先生が「天の梯子《はしご》ですよ」と教えてくれた。

生前、父は死を恐れ、木で作られた独鈷《どっこ》という法具をいつもお守りのように持っていた。経営者として、一人の男として抱えていた業の深さから、何かと戦うためにいつも握りしめていたのかもしれない。そして今、母に頬ずりをしてもらうくらい穏やかな表情で、安心して天の梯子を上っていったのかもしれなかった。

父とは経営方針をめぐってぶつかり合ったこともあった。父の経営を侮蔑するような思いを抱いたこともあった。しかし、死という別れを通して、父は常に精神的な支えだったのだと気づいた。先代と2代目の争いは後継経営者問題の永遠のテーマである。だが、争っても意味はない。今、親子の関係性に悩んでいる後継者にもいつか気づいてほしい。父の存在があってこそ、自分の存在があるということを。

横領事件と2人の死

父の死や怪文書騒動と時を同じくしてもう1つ、社内では大きな事件が進行していた。

東京事務所で経理業務を担っている近藤さんの様子がおかしかった。近藤さんは笑わない人間だ。いつも冷静で、感情を表に出すことは滅多にない。そんな近藤さんが何かに悩んでいる様子だった。いつも眉間にしわを寄せている男だが、つらそうな顔に見えた。しかし私には、東日本大震災や父の死、怪文書騒動と続くなか、近藤さんに心を寄せる余裕がなかった。

7月を過ぎた頃、そんな近藤さんから「折り入って話がしたい」と言われた。嫌な予感がした。近藤さんからの「話がある」は大抵、いい話ではない。

実際、彼から出てきた言葉は想定外の悪夢だった。

Fさんの様子がおかしい。会社の数字が合わない。いろいろと調べたが、事務処理に問題がありそうだ――。そう前置きした後、近藤さんから決定的な言葉を聞かされた。

「Fさんが横領しているかもしれない」

近藤さんの話によると、各社の預金のうち数千万円がなくなっていて、銀行にも確認したという。常に冷静で、短い言葉しか発しない近藤さんは涙ながらに詳細を説明した後、こう言った。

「責任者の自分の責任だ。自分をクビにしてください」

真偽を確かめなくてはならない。

近藤さんには箝口令を敷き、翌日別井さんに立ち会ってもらい、Fさんと面談した。罪をあっさり認めた。近藤さんの涙ながらの告白とは対照的に、淡々とした様子だった。

「民事再生前に給与カットになり、生活が苦しくなった。悪いことだとは思わなかった」

驚くほど淡々としていた。民事再生前の経営危機の渦中で給与カットを行い、彼の収入が大きく減少していたのは事実だ。理由を聞いて落胆はさらに大きくなった。懲戒手続きの一環としてすぐさま出勤停止を命じ、社内を調べた。失った預金は弁護士の先生たちから株式を買い取った資本金だった。経営がどんなに苦しくなっても、このお金には手を付けずに大切にしていこうと、近藤さんと話していた虎の子の預金だった。

Ｆさんとの折衝はなかなか進展しなかった。「必ず弁済します」と言うだけで、明確な約束は引き出せなかった。毎日会っていた私たちにも焦りが出てきた。自分も厳しく問いただしていた。そして「何とか自宅を売却して弁済します」という約束を取り付けた。先が見えてホッとした。しかし、その矢先に悲しい事件は起きた。

数日後、約束の場所に現れないので自宅に電話をした。すると奥様が出た。「Ｆは亡くなりました」と言われた。何が起きたのか一瞬理解できなかった。

通夜と葬儀に参列した。ご冥福を祈り、共に働いてくれたことへの感謝の思いで手を合わせた。そして同時に、葬儀が終わってからもこの問題にしっかり向き合う決意を固めた。

会社の経営は厳しい状況だった。経営者として最後までやり切らなければならないという強い使命感があった。会社で働く社員のためにも、妥協せずに頑張るしかなかった。最終的に、弁護士や司法書士を入れて弁済契約書を交わした。厳しい経営環境の中にあって本当に助かった。ご遺族の皆様には感謝しかない。

この件については、責任の一端は経営者の自分にもある。経営者として人を育てることの1つは背中を見せること。一挙手一投足が社員に見られている。不祥事を招いたのは、自分の言動のどこかに甘さがあったのだ。背中を見せるのに加えて、企業風土のレベルまで高めていかないといけない。風土こそが企業の不祥事を防ぐことにつながる。

こうして2011年は過ぎていった。この年は、1970年生まれの私にとって本厄の年だった。厄年のような迷信的なことを信じるか信じないかは、それぞれの価値観によると思うが、私には本厄、かつ42歳の大厄として、十分な厄災に見舞われた1年であった。

古くからの風習や慣習というのは、案外正しいものかもしれない。私は父が後厄にあたる43歳の年に生まれた。母は「あなたがパパの厄落とし」と言っていた。私が生まれた年から父の運気は好転していった。私にも後厄の年から新たな変化が生まれていった。

翌2012年は私たちにとって新たな挑戦の年だった。時代の変化を受け入れて、何かを変えていこうという機運になっていた。さまざまな挑戦を開始し、あっという間に数年が過ぎた。しかし、その間にも再びつらい出来事が私たちに迫ろうとしていた。

2年後のある日、神田の東京事務所のデスクで突っ伏している近藤さんがいた。聞けば、最近食欲がないという。久しぶりに近くのおいしいラーメン店に行った。近江屋洋菓子店の隣にある白湯スープのラーメン店だった。

地下の店に入り、カウンターに並んで細麺のラーメンをすすった。相変わらず口数は少ないが、おいしそうに食べてくれてホッとした。普段からあまり食べない男だから、こちらから食事に誘わなくてはなどと思った。しかし、このラーメンが2人での最後の食事になった。

しばらくして近藤さんが体調を崩し、入院することになったと本人から聞いた。その前から体調がイマイチだと聞いていたので「近ちゃん、病院に行くのは業務命令だよ」と、早く病院に行くよう促していた。やっと病院に行ったと思ったら、即入院になったらしい。

最初にお見舞いに行ったときは、待合室で話せるくらい元気だった。「社長、ごめんね。何とか治して早く戻るからね」と、相変わらず私にタメ語で話していた。しかし、その後もなかなか退院できなかった。最後に会った日はベッドから起き上がることすらできない状態だった。

もともと痩せていた近藤さんがさらにげっそりして、表情も変わっていた。横になったままで、こちらに向かって何か話していた。

「社長、ごめんね」

近藤さんの目からかすかに涙が出た気がした。その数日後、近藤さんは亡くなった。享年49歳だった。

民事再生前に喫茶店で「副社長、本気？」と問われたこと。再生中に徹夜で資料を作ったこと。

会計士との打ち合わせで逆ギレされて、怒っていたこと。そしてFさんのこと。すべてが昨日のことのように蘇る。

Fさんの件では相当悩んでいたと、富士御殿場ゴルフ倶楽部の支配人だった斎藤さんから聞いた。夜中に斎藤さんに電話してきた近藤さんは、「明日、社長に報告するよ。俺、会わせる顔がないよ」と消え入るような声で言っていたという。彼には苦労をかけすぎてしまった。

葬儀で奥様の恭子さんに会った。

奥様は鹿沼グループの元社員で、近藤さんとは社内結婚だった。「よかったらうちで働きませんか」とお誘いした。間もなくして恭子さんは再入社してくれた。

恭子さんは当時と変わらぬ雰囲気で、今でも近藤さんと同じ経理を担当している。しっかり者の恭子さんには随分助けられている。近藤さんが亡くなったとき、まだ学生だった娘さんは２０２４年に大学を卒業し、就職した。

時がたつのは早い。時折、近藤さんの経理仲間だった斎藤さんや長谷山さん、豊田さんと墓参りに行く。そして報告する。「これからも会社をきちんと守っていきます」と。

Fさん、そして近藤さん。共に働いた2人は、もうこの世にはいない。しかし、地上に残された彼らの家族にはその後も助けられた。人と人との縁はどこまでつながるのだろう。

崩壊したゴルフコース

２０１４年11月に再生債権の弁済は無事終了した。だが１年もたたずに、再び危機が訪れる。２０１５年９月９日。その日は朝から雨が降り続いていた。雨でお客様のキャンセルが相次ぐのはよくあることだ。「雨は仕方ない」が私たちの合い言葉。雨ばかりはコントロールできない。この日もお客様が減るのをただ見守っていた。

天気予報で「集中豪雨のような激しい雨になる」と言っていたので、各支配人に電話をかけて現状を聞いた。雨の様子はどうか、お客様のキャンセル状況はどうか。状況確認という程度のやり取りだった。

昼過ぎに鹿沼72カントリークラブの瀬崎支配人に電話をした。「雨の状況はどうですか」「かなり激しい雨ですが、コンペのお客様も残ってくださったので営業を続けます」「引き続きよろしくお願いします」。こんなやり取りをしたのち、いつも通りに電話を切った。

しかし、状況は徐々に深刻化していた。夕方になりニュースを見ると、北関東で豪雨被害が拡大しているという。慌ててゴルフ場に確認をしたところ、瀬崎支配人は「コースやクラブハウスに問題は起きていない」と言う。ひとまずホッとした。
夜半になった。栃木県全域に大雨特別警報が発令され、かつてない量の雨が降り続いているこ
とをNHKのニュースで知った。しかしゴルフ場にはもう誰もいないし、コースの確認に行って
もらうわけにもいかない。それ以上に、東京にいる自分には大雨の実感が乏しく、心配ではある
ものの、強い危機感を覚えてはいなかった。「雪と違って積もって営業できなくなることはないし、
明日以降は通常通りに再開できるだろう」と考えていた。
今思えば、考えが甘かったとしか言いようがない。このときすでに、降り続く集中豪雨によっ
て鹿沼72カントリークラブのコースは、地鳴りを上げて破壊され始めていた。

翌朝のニュース映像を見て言葉を失った。茨城では鬼怒川が氾濫し、家が流されていた。災害
級の豪雨だった。鹿沼市でも線状降水帯が発生し、24時間で500ミリを超す集中豪雨に見舞わ
れていると報じられた。猛烈な不安に襲われ、すぐに瀬崎支配人に電話をした。
「コースに被害が出ています」「一部グリーンに土砂がかかってしまいました」「今日は営業できそ
うもありません」。いつも通りの簡潔な報告ではあったが、緊張感のある重々しい声色から「ただ
事ではない」と感じた。すぐにゴルフ場に向かう旨を伝え、家を出た。
とにかくこの目で確かめるほかない。東日本大震災の経験から、東北自動車道が通行止めにな

っていることを想定し、電車で向かうことにした。だが、東武日光線は土砂流出で運休していた。こういう情報を聞くと不安が増長する。焦る気持ちを抑え、新幹線で宇都宮に向かった。

宇都宮駅に到着し、車で鹿沼に向かった。移動中、河川の近くの道路は通行止めになっていた。橋も決壊して通行止めになっているため前に進めない。迂回に続く迂回で、遠回りをしてようやく鹿沼にたどり着いた。

鹿沼72カントリークラブの桜並木が続く上り坂を車で駆け上がった。雨はすでに小雨に変わり、空には暗い雲がかかっていた。進入路を進み、左側に見える17番ショートホールの光景に愕然とした。グリーンに土砂がかかっていると聞いていたが、実際にはグリーン上にコースが崩れ落ち、その土砂でグリーンが破壊されていた。

言葉を失い、背筋が凍った。もしかしたらコースのほとんどが崩壊しているのではないか。恐怖を覚えながらクラブハウスに入った。「どこから手をつけてよいか分かりません。大変なことになりました」。瀬崎支配人のこの一言が、私たちが置かれた状況のすべてを物語っていた。

乗用カートに乗り、すべてのコースを確認して回った。カート路が崩落している箇所、コースが雪崩のように崩れ落ちている箇所、法面が崩壊し、土砂が隣地の田畑に流れ出ている箇所、土砂が滝のように流れてフェアウェイが土砂に覆われている箇所……。

大きな崩壊箇所だけで25カ所あった。それらすべてが表現しようがないほどの崩壊ぶりだった。

崩壊したコースの中で私たちはただ呆然と立ち尽くした。

自然の脅威の前では人間はあまりにも無力だ。ひとまずできることは、明日からの予約をお断りして全コースをクローズすることだった。流れ出た土砂が田畑にかかってしまった地権者にお詫びに行くと、怒られるどころか逆に励まされた。地域の人たちの強さと温もりを感じた。

人は思考停止になると、何から手をつければいいのか分からなくなる。だが呆然と立ち尽くしているだけではダメだ。悩んで、悩んで、頭の中だけで考えようとするのもいけない。こういうときは、やることをとにかく書き出すしかない。

営業方針、修繕工事、資金繰りに出勤体制の見直し。やるべきことはたくさんあった。行動することで先の見えない不安感は薄まる。行動から意識を変えていく。再び、災害からの会社再建が始まった。

運命の出会い

東日本大震災からわずか4年後、こんなに早く次なる災害に見舞われるとは思ってもみなかった。悪夢の２０１１年が過ぎ、再生計画からも卒業し、私自身も外に目が向いていた。以前から関わっていた青山学院大学ラグビー部のマネジメントスタッフの活動を継続し、さらには母校の理事会トラブルにも首を突っ込み、積極的に社外活動に取り組んでいた。仕事や家庭以外でも自分が必要とされている場所があるという有用感が、心を整えてくれた。

しかし、経営とはそんなに優しいものではない。心を整えてくれる場所など求めてはいけないのではないか。今回の豪雨災害という緊急事態によって、経営に向き合わなければならないと目を開かされた。

ゴルフ場をクローズし、再び支配人やキーパーとともにコースを巡回した。東日本大震災の経験から緊急事態はトップダウンが鉄則だと決めていた。崩落箇所を再確認し、翌々日の土曜日から臨時営業できる体制作りを始めた。危険箇所を回避した迂回ルートを設定するために、支配人らとコース内をロープングし、崩壊した9ホールを閉鎖。残りの36ホールで変則コースルートを決めた。ブルーシートやガードレールなどの備品購入や、コース管理部門で対応可能な修繕工事も、その場その場でゴーサインを出していった。

臨時の営業再開決定に続き、経営面においても対策を立案しなければならなかった。45ホールから36ホールに縮小したときの売り上げ推移をシミュレーションすると、平時の約20％落ち込む見込みとなった。経営を継続していくためには緊縮体制に移行するほかなかった。

新たに「鹿沼72 事業継続緊急計画」を書き上げた。鹿沼72カントリークラブを存続させる理由、それはお客様、社員、そして地域のためだ。苦しいときこそ「何のために」という目的が、我慢と継続する力を与えてくれる。そして、緊急計画に求められるのは分かりやすさだ。ややこしい計画では社員に理解してもらえない。

選択と集中も重要である。これまで続けていた経営計画を一時停止し、「明るく元気に仕事をする。笑顔でお客様をお迎えする」ことに一点集中することにした。あえて「明るく」という言葉を入れることで、カラ元気でもいいから顔を上げていこうと社員に呼びかけた。

次に重要なポイントは具体策を明確にすることだ。不要不急の支出を削減し、資金繰りを守ることに徹した。日々の消耗品から研修費用まで諸経費の削減を指示した。私の役員報酬も全額カットし、所属する役員の報酬も20％削減させてもらった。

社員の一時的な人事異動も実施し、鹿沼72カントリークラブの経営を思い切り軽くした。レストランのメニュー数を削減し原価の低減を図り、コース管理においても秋季の除草剤散布を取りやめて運営予算を大幅に削減するなど、経費を一気に減らす具体策も細かく打ち出した。

最後のポイントはスケジュール感である。いつまで頑張ればよいのかを明示することだ。計画全体を、緊急対処期間である第一期と改革期間の第二期に分け、第一期は9月からの半年間、第二期は翌年4月以降とした。初めの半年で一気に結果を出し、翌年4月以降は36ホール営業に完全移行するかどうかの最終判断をする。

極端な話、スケジュールは嘘でもいい。ただ、期限がないと人は踏ん張れないし、希望も失う。人生は有限であるからこそ、人には期限という概念が必要だ。

この計画を立案した時点で、土砂崩れ箇所の修復工事のめどは立っていなかった。「永遠に45ホールでの再開はできないのではないか」。これが大多数の本音だった。多くの人に相談し、「いい機会だと思ってコースの縮小を検討すべきでは」というアドバイスももらった。

しかしこの後、奇跡が起きた。私は運がいいほうだと思う。ここに至るまでにも、さまざまな人との出会いによって助けられてきた。このときもそうだった。

1人目は、土木工事のプロとの出会いだった。長年取引している地元工事業者の顧問をしている人だ。県内中堅ゼネコンの元土木工事責任者だった。すぐにコースを見に来てくれ、「これは直せる」と断言してくれた。素人の自分はこの惨状に希望が持てなかったが、プロの方は違った。彼の頭の中ではすでに修復工事の構想ができたような口ぶりだった。

そして工事内容も決まらない段階から「今すぐ大型クローラーを確保したい」と緊急要請を出してきた。聞いたこともない工事用重機だった。工事資金の調達のめどが立っていないこともあり、一瞬、決断をためらったが覚悟を決めた。「重機を押さえてください」と伝えた。彼は久しぶりの大型土木工事の現場に胸をたぎらせているようだった。重機が揃うと自らブルドーザーを運転し、崩落したコースの中に入っていった。現場に行くと、彼はいつも笑っていた。

もう1人は、足利銀行楡木支店の岡田支店長だ。岡田支店長はすぐに現場に駆けつけ、「何かできることはないか」と言ってくれた。東日本大震災の復興融資で借り入れはしていたものの、本格的な融資復活には至っていなかった。

岡田支店長が銀行本部に積極的に働きかけ、災害融資の特例を使って工事費用のうち、7000万円を調達できるめどがついた。再生計画の別除権債権もサービサーの協力を得てリスケできることになり、当面の資金繰り問題が解消された。

こうして2人の協力を得て鹿沼72のコース再建が始まった。崩落した箇所の修復工事に6カ月かかった。日夜、工事担当者が動いてくれた。工事終了後、芝を養生しコースが使えるようになるにはさらに6カ月が必要だった。芝の張り替えではコース管理スタッフが本当によく頑張ってくれた。鹿沼や栃木ヶ丘からも応援に駆けつけてくれた。

1年後の2016年9月には45ホール営業を再開できた。36ホールにしてしまおうと簡単に諦めなくてよかったと心底思った。普通に営業できる喜びを感じ、お客様の笑顔に幸せを感じた。

このとき、あるキャディーさんに言われたことがある。

「社長なら復活させられると思っていたよ」

嬉しかった。自分を信じてくれていた社員がいたことが誇らしく思えた。そして私もこの災害を機に社長業以外の活動はやめていった。

だが、このときも同時並行で大きな課題が浮上していた。富士御殿場ゴルフ倶楽部の債権問題だ。土砂崩れ工事に伴う資金対応も次なる危機を呼び込んでいた。すべてが連動していた。

御殿場の危機

鹿沼72カントリークラブの豪雨災害という危機を通じ、ゴルフ場の経営哲学を学びつつあった。キーワードは「自然」と「地域」だ。

ゴルフ場は山をコースに変えて、商売をさせてもらっている。自然をお借りしているようなものだ。コースは太陽を浴び、自然の恵みを受けることで芝や木々が育成される。その半面、常に自然の脅威にさらされている。自然との共存なくしてゴルフ場経営は成り立たない。共存という概念をしっかりと心に刻み、中長期的な視点で経営することが重要だと知った。

このときの災害では地域の人たちに助けられた。

修復工事を請け負ってくれたのは地元企業だった。資材を緊急提供してくれた会社、コース管理のコストダウンに協力してくれた会社も皆、地元の人々だ。融資してくれた金融機関は足利銀行だったし、鹿沼市にも災害認定などの支援をしてもらった。多数のお見舞いも頂戴し、地域の人たちに支えられていることを改めて実感した。

　ゴルフ場は移転やスクラップ・アンド・ビルドができない。この地で100年生きていく覚悟が必要だ。地域に愛され、地域に貢献できるゴルフ場でなければならないという覚悟が芽生えた。

　一方、復興工事を進める間にも、サンユウ産業が経営する富士御殿場ゴルフ倶楽部の借入金関連で大きな変化があった。主たる債権者だった銀行の対応が変わってきたのだ。同行宛ての借入金、およそ18億円の債権売却を検討しているという話だった。

　2004年の栃木県内3社の民事再生手続きの際、サンユウ産業は民事再生手続きをとっていなかったこともあり、銀行の役員から「100年かかっても弁済するように」と言われた。その言葉通り、真面目に11年にわたり元金を弁済し、利息を支払い続けていた。だが、2015年12月を期限に債権売却を検討しなければならなくなったと言ってきた。土砂崩れ災害の翌月の話だった。まさに「泣きっ面に蜂」だった。

　私も元銀行員だ。銀行の理屈や事情は分からなくもない。腹が立つというより、悔しさが入り混じった憤懣《ふんまん》やるかたない気持ちが心を支配した。いつしか私は、元銀行員から経営者に変わっていた。経営者として抱いたその悔しさを、元銀行員の別井さんや岡田さんにぶつけた。

　銀行からサービサーに債権を売却するとなれば、今までのように長い関係性をベースにした金融支援は得られない。経営が厳しくなれば、サービサーは企業との関係より収益を優先し、企業を簡単に切り捨てるだろう。追い込まれているのは確かだった。

しかし簡単に諦めてなるものかと、自分なりにあがくことにした。私が鹿沼グループに入社した頃、その銀行の窓口だったG氏が役員に昇進していたので、面会をセッティングしてもらった。土砂崩れから2カ月後、気合いを入れて銀行本店に向かった。穏やかで紳士的なG氏は私たちにしっかり向き合ってくれた。「栃木県の3コースが民事再生後、当初の約束を守って返済を進めてくれたことは大変ありがたく思っている」と言ってくれた。

この時ふと、G氏に初めて会った日のことを思い出した。父が倒れた直後の1997年12月末で、私はまだ銀行に勤めていた。慈恵医大病院内で話しかけられた。

「お父様の会社とお取引をしている銀行のGです。お父様の病状はいかがですか」

その口調は穏やかで丁寧だった。私はとっさに余計なことを言ってはいけないと思い、とぼけたことを覚えている。わざわざ病院まで来るなんて熱心な人だと思ったのと同時に、紳士的な印象を強く抱いた。

それから約20年後、目の前にいるG氏も当時と同じだった。怒りに満ちた私に対して丁寧、かつ紳士的に対応してくれた。それでも言うべきことは言わなくてはと思い、自分の考えを必死に伝えた。まずは債権売却先の再検討を依頼した。同時に、債権売却はやむを得ないとすれば、災害時の協力、国税延滞金の優先弁済、返済額減額、民事再生を申し立てた場合の別除権への協力の4つを依頼事項として伝えた。

面談の最後にG氏は「社長の不安や要望は理解できる」とした上で、返済額の減額も含めて要望事項に応えられるようにしたいと約束してくれた。同時に、「2016年3月をめどに債権売却を進めることをご理解いただきたい」と言われた。経営状況が厳しくなっていた富士御殿場ゴルフ倶楽部にとってはギリギリの線だった。

父がゼロから作った富士御殿場ゴルフ倶楽部は長年、鹿沼グループの稼ぎ頭だった。東京の西部から神奈川にかけてのお客様が多く、年会費も潤沢に入っていた。東京の自宅に近かったこともあり個人的にも縁が深かった。母の義兄が支配人をしていた時代には9ホール増設工事の上棟式に駆り出され、「エイッ」とくわを入れたこともあった。

しかし、そんな富士御殿場ゴルフ倶楽部も集客や営業力に陰りが見え始めていた。設備投資もできず、高齢化による会員の退会が増加していた。民事再生手続きをとっていないこともあり、多額の負債、特に会員からの預託金返還訴訟も続いていた。訴訟で確定判決が出され、ゴルフ場で売り上げを差し押さえられたこともあった。数字に強い社員が新たな支配人に着任したものの、災害級の豪雪に見舞われ1カ月以上営業できないことも重なった。

それでも現場のスタッフは頑張っていた。

アイデアと努力で勝負するとばかりに、地産地消プロジェクトやイベントなど新たなことに積極的に挑戦していた。社内プロジェクトから生まれたゴルフ場併設のパン工房では、富士天然水で作った食パンやラスクを販売した。「富士山ラスク」は高速道路のサービスエリアでも販売し、売り上げは好調に推移していた。厳しい資金繰りを感じさせないスタッフたちの明るさで富士御殿場ゴルフ倶楽部は支えられていた。

「あの自主再建は奇跡だった」

サンユウ産業の対応方針をめぐっては、実は金融機関から債権売却の話が出る半年以上前に再生のプロである弁護士の渡辺先生に相談していた。負債総額は預託金と金融負債と合わせて200億円超。栃木3社と同じように民事再生法による自主再生が図れないかと考えた。

渡辺先生はいつもダメなものはダメだとはっきり言ってくれる。このときも「東京地方裁判所の対応が変わってきている。スポンサー選定も厳格になっている」と現実的な話をした。仮にグループ企業である鹿沼カントリー倶楽部がスポンサーとして手を挙げても、入札手段の公正さの観点などから、他のスポンサー候補に勝つのは難しいだろうということだ。

さらに、今後は抽選償還方式(債券所有者の意思に関係なく、券種ごとに記番号を基に抽選し、一部債券を償還する方法）を採用するのも厳しくなるだろうという。結論として、再生を果たした鹿沼の3コースが富士御殿場ゴルフ倶楽部を支えるという形での民事再生法の適用申請は困難だということだった。

その上で、渡辺先生のアドバイスは「金融機関が協力してくれるなら法的再建ではなく、返済減額を目指すほうがいい」というものだった。さらに「栃木3コースの民事再生手続きがうまくいったのは奇跡的だ」と言われた。

やはりあれは奇跡だったのか。奇跡が二度起きることはないと覚悟した。

そんななか、栃木3社の別除権債権を保有していたサービサーのH社が協力してくれた。H社には鹿沼72カントリークラブが土砂崩れの危機に見舞われたときも、別除権債権のリスケに応じてもらった。H社は、サンユウ産業を守るためにさまざまな方法を模索し、結果的に銀行の債権をPEファンドのI社に譲渡することが決まった。それと同時に、サンユウ産業は厳しい再建の道へと歩み出した。

ここまでの経過を踏まえて、改めて銀行のG氏に会いに行った。頭取にも最後の挨拶をした。頭取も以前は鹿沼グループの担当をしていた人だ。私が銀行を辞めて鹿沼グループに入ったときにも応援してくれた。心からの感謝の意を述べて、30年以上におよぶ取引が終わった。時代は変わっていく。いつまでもすがり付いていてはいけないことは分かっていた。ふられてもつきまとう輩のようで格好悪いことは百も承知だった。しかし、不良債権先という弱い立場で唯一できることは、粘って少しでもいい条件を出してもらうことだけだった。

グループを挙げて何とかサンユウ産業を救えないか。さらなる打開策を求めて、大阪にある財務コンサルティング会社の門をたたいた。サンユウ産業のことだけでなく、栃木3社も含めてグループ全体の財務対策を提案してもらうことになった。かすかな希望を胸に、何度も大阪に通った。担当の先生はとても親身になって考えてくれたが、やはり画期的なアイデアはなかった。

I社からの返済圧力は日に日に強まっていく。天候が悪くて収益が悪化しても返済を待ってはくれなかった。売り上げは減少を続け、資金繰りも追い込まれ、民事再生法の申し立てという最終手段を検討しなければならなくなった。それは富士御殿場ゴルフ倶楽部との別れを意味した。

我が子を手放す決断

栃木3コースの民事再生のときは私も若かったし、自分が経営に関わっている期間も短かった。しかし、富士御殿場ゴルフ倶楽部は、父が破産してから15年も経営してきた。現場には新卒社員を含め、私が採用した人材も多かった。鹿沼グループとして経営理念のポスターも貼ってある。父がゼロから興した唯一のゴルフ場ということもあって、御殿場は最も私に近い存在であり、大切な会社だった。この会社を潰して、他社に事業を引き渡すことに強い罪悪感を覚えた。

大きな分岐点を迎えたとき、悩んで結論を出すよりも、物事が動き出す間に徐々に決意が固まることがある。転がる石のように、動き出したら止まらない。このときもそうだった。法的整理による自主再生もダメ、新たな債権者とのリスケ交渉もダメ、財務コンサルのウルトラCもダメ、そして売り上げは減少している。

追い込まれた状況のなか、サービサーのH社が「民事再生時のスポンサー探しで力になりたい」と言ってきた。やむを得ないと腹をくくった。民事再生法で債務を整理した上で他社に譲渡するほかない。経営者人生で最も痛みを伴う、大きな撤退戦だった。

富士御殿場ゴルフ倶楽部という名前を残したいという思いもあった。しかし、そんな感傷的なことよりも、富士御殿場ゴルフ倶楽部のポテンシャルを引き出してくれる最高のスポンサー、いわゆる「お相手」が必要なのは言うまでもなかった。債権者からすると弁済額が最大になるスポンサーが望ましいに違いないが、私からすると継続的に成長させてくれる相手が必要だった。

今回の再生手続きでは、事前にスポンサーを見つけてから申請する、プレパッケージ型を目指した。アドバイザーを入れてスポンサーを探し、契約締結後に裁判所に申請する方式である。渡辺先生の情報では、裁判所はプレパッケージ型に厳しくなっているとのことだったが、アドバイザーを入れて公正な選定をしておけば大丈夫だろうと判断した。この方式なら、事業を成長させてくれる相手をきちんと探せると思った。

いよいよ相手探しが始まった。

「ロングリスト」と言われる候補先企業の一覧が出てきた。そこには、相手企業が優先順位順に記載されていた。一番上に記載されていたのがJ社だった。だが一向に正式な話が進まない。イエスともノーとも言ってこない。「検討中」という回答だけ。

他社への交渉も始めた。有名な小売り企業のオーナーや地域のコングロマリットなど、さまざまな企業にアタックした。しかし借地の問題や会員数の多さなどの課題を指摘され、相手が決まらない。あっという間に半年が過ぎた。時はすでに夏を迎えていた。

I社からの返済圧力もあり、富士御殿場ゴルフ倶楽部の資金繰りも日に日に苦しくなっていった。焦燥感に襲われるなか、最もいい相手だと信じていたJ社の返答を待ち続けた。

数日後、J社から正式に謝絶回答が来た。会員数の多さが理由だという。「何を今さら」と思った。そんなことは初めから分かっていたことだ。なぜこんなに引っ張られたのかと悔やんだ。

だが仕方ない。次に進むことにした。大手ゴルフ場経営会社のPGM(パシフィックゴルフマネージメント)である。金融機関の不良債権処理によって破綻したゴルフ場を次々に傘下に収めて急拡大していた。当初は外資系ファンドが母体となっていたので、私たち業界人は「外資」と呼んでいた。その業界大手の外資を頼ることになった。何のための民事再生か。判断軸だけは見失わないようにと言い聞かせながら歩みを進めた。

最大の撤退戦

私たちはなぜ、外資に対してアレルギーがあるのだろう。外資規制が依然として多い。低迷する日本では、もっと柔軟に外資を受け入れ、成長軌道に乗せないとならないのに、と思う。ゴルフ場業界も同じだ。外資系にアレルギーがあった。

私たちが栃木のゴルフ場の民事再生手続きを取った頃は、外資系が業界を席巻していた。外資は黒船にも例えられていた。「安く手に入れたゴルフ場で、安くプレーさせる」。資本主義では当たり前の話だが、既存事業者から見れば脅威だった。

このときの黒船によって、ゴルフ場業界は不動産業からサービス業に変わったと思う。ゴルフ場という不動産を会員権という証券に切り替えて販売し、手数料を得て商いをしていた不動産業から、より安く、より良い品質とサービスでコストパフォーマンスを追求するサービス業に変わったのだ。そういう意味では、業界を変えた存在こそが外資だった。

富士御殿場ゴルフ倶楽部の相手候補は、最終的には入札を経て、ＰＧＭになった。このときすでにＰＧＭは外資ではなく、パチンコ業界製造大手の平和の子会社になり、ゴルフ場経営にも注力していた。栃木県内のＰＧＭ系ゴルフ場を見ても、設備投資をはじめ、運営にもしっかり力を入れていた。同社の社長とはメディアを通じて面識もあった。経営への情熱を感じたし、尊敬もできる人だった。

このときのＰＧＭとの折衝は、私にとって大きな学びとなった。何度も上野の本社に行き、Ｍ＆Ａ部隊の人たちと話を重ねた。精鋭の社員たちがゴルフ場運営の効率化に取り組んでいた。独自のシステム開発も行い、レベニューマネジメント（需給のバランスに応じて価格を調整する手法）にも強かった。単に値段を安くして入場者を増やしているだけではない。彼らは正真正銘のプロだと思った。この経験が、その後の鹿沼グループの新たなビジョン創造につながっていく。

ＰＧＭは、富士御殿場ゴルフ倶楽部が東京から１００キロの静岡県東部にあるという優位性に加えて、スタッフやコースメンテナンスの質の高さを評価してくれた。何百にもおよぶ質問事項に回答しながら、同社のデューデリジェンスを含めて準備が進んだ。当社が出した3つの要件「会員プレー権の維持」「設備投資の実施」「社員の雇用と待遇維持」も約束してもらうことができた。

同時並行で、民事再生手続きを担当してくれる弁護士を探した。渡辺先生や白井先生は鹿沼グループの顧問弁護士や社外監査役だ。利益相反に当たるため、サンユウ産業の民事再生手続きには参加できない。そこで栃木3社の民事再生を担当してくれた市野澤先生に依頼した。

市野澤先生は倒産事案のプロだ。その市野澤先生も「この案件は大変だ」と厳しい表情をしていた。サンユウ産業単体の民事再生手続きといっても債権者数1万6500人、債権額200億円という大型事案である。スポンサーが決まっているとはいえ、成立する確率は五分五分だという。市野澤先生が引き受けてくれたことには感謝しかなかった。

社内準備も進めなくてはいけない。神田の事務所を再生推進室に変えて、机や電話などを用意した。再生推進室に入る社内メンバーも選任した。岡田常務、総務・システム担当の鈴木さん、電話応対担当の石川さん、小椋さん、荒川さんら、前回の民事再生でも前線で戦ってくれたベテラン勢を中心に構成した。

こうして再生手続きの準備を進めるなか、最大の課題は現場スタッフへの対応だった。ゴルフ場で働くスタッフはこれまでの経緯を何も知らない。どの会社でも自社の倒産やM&Aの舞台裏などは社員に明かされないし、新聞を見るまで知らなかったということもザラにある。有無を言わせず断行するというやり方もある。しかし、再生手続き期間中も営業を継続しなくてはいけないし、現場の努力なくして未来はない。戦いを続けながらの撤退戦は難しい。

支配人の斎藤さんには、これまでの経緯などを正直に伝えていた。現場に常駐しながら、周りのスタッフに口を閉ざしておくのは大変なことだったと思う。斎藤さんは栃木ヶ丘ゴルフ倶楽部で経理責任者をしていたこともあり、資金繰りの現状もよく理解してくれていた。スポンサーを入れて富士御殿場ゴルフ倶楽部を再生すること、つまり我々の手から離れることにも同意してもらった。それは斎藤さん自身も、富士御殿場ゴルフ倶楽部を離れることを意味していた。

キーマンとなる社員には、事前に私が話をすることに決めた。まずは経理責任者をしていた長谷山さんだった。彼は栃木ヶ丘ゴルフ倶楽部の経理も兼任しており、グループ経営に関わる立場だった。金融機関やサービサーとの折衝の経緯も知っていたので、方針についてはすぐに理解してくれた。しかし、新卒としてサンユウ産業に入社してから20年間、紆余曲折ありながらも「ふじご」（富士御殿場ゴルフ倶楽部）で奮闘してくれた彼の心は御殿場にあった。イベントリーダーとして地域に深く関わり、夏祭りやフェスなども手掛けていた。頭では理解できても内心つらかったと思う。それでも彼は「協力する」と約束してくれた。

営業責任者とキャディーマスターにも話をした。私としては、彼らに富士御殿場の未来を託したいという思いがあった。料理屋で支配人を入れた4人で向き合った。「後のことは任せてください」という返事を期待していたが、そうはいかなかった。理解すらできないという表情だった。これを機に、2人との関係性は微妙に変化していった。私の想像力が甘かった。

一方、調理長は理解も納得するのも早かった。他社に経営が移行しても富士御殿場でチャレンジしたいと言ってくれた。さすが腕利きの調理人だと思った。実家が鹿沼にあるにもかかわらず、富士御殿場でさらに高みを目指そうという彼の心意気には感謝しかなかった。

キーマン全員が協力的とはいかなかった。それでも話をすることで前に進むことができたのは事実だ。裁判所に民事再生の適用申請をする、わずか数日前のことだった。

2度目の再生申し立て

2019年1月30日付で、サンユウ産業は東京地方裁判所に民事再生手続きの申し立てを行い、保全命令を受けた。もう後には引けない。私にとって2度目の民事再生法の適用申請であり、ゴルフ場とスタッフを守るための戦いでもあった。

その日の夜、富士御殿場ゴルフ倶楽部の社員45人をクラブハウスに集めて、説明会を実施した。詳細は私から説明した。これまでの経緯、申し立て理由、スケジュール、スポンサー、雇用や待遇まで。その後、いくつかの質問が出たのち、約1時間の説明会が終わった。

終了後、所属長10人に集まってもらった。業者との取引方針などを含め、今後の営業継続に向けて打ち合わせをした。一様にしっかりと前を向いた顔だったことに救われた。こうして認可決定という目標に向けて皆で走り出した。

経験値は生かされるのか、生かされないのか。再生手続きが始まると何が起きるのかは、経験から学んだつもりだった。それゆえ前回に従って入念に準備を進めた。電話応対のQ&Aも万全に作成した。申し立て当日から電話が鳴りやまなくなることを想定し、電話機も10台近く揃えて、再生推進室スタッフ全員で電話が鳴るのを待ち構えていた。

しかし、数日が経過しても電話は落ち着いていた。日本経済新聞に掲載されたのも小さな囲み記事程度だったので、それほど影響はなさそうだった。グループ会社として栃木3コースにも問い合わせが殺到するのではないかという懸念もあった。だが、これも杞憂に終わった。

申し立てに関する書類一式が会員の手元に届いた頃になっても混乱は生じなかった。やや拍子抜けしたような感があった。時代の変化もあって、ゴルフ場の民事再生手続きが会員にも受け入れられているのかと思い、少しホッとした自分がいた。だが、そんなはずはなかった。

最初の山場は債権者集会だった。会員数が多いことから、念のため1400人収容可能な藤沢市民会館を予約していた。使用目的をやんわりとは伝えていたが、直前に詳細を伝えると会館側も緊張した面持ちになった。とはいえ、予定通り決行させてもらうしかない。

2月5日午後2時、集会が始まった。集まった債権者の数は229人。会の冒頭、代表者として債権者の皆様にお詫びの言葉を述べた。人生2回目の債権者集会でのお詫びだったが、今回は自分の責任だという思いがより強い。文章を準備し、何度も練習はしていたが、この場になって力が入り、マイクを持つ手が震えた。

途中で会場からヤジが飛んだ。「おまえのせいだろう！」。頭を下げ続けるしかなかった。

その後、市野澤先生から詳細を説明し、スポンサーであるPGM社長の挨拶を経て、質疑応答の時間になった。30人近い人から質問が寄せられた。その内容は、預託金返還金額のめどから、今後のゴルフ場の運営方針まで多岐にわたった。中には会員同士で言い争う場面もあった。

役員の責任を追及する声も出た。それまでの質疑応答はすべて市野澤先生が対応してくれたが、この質問をした会員は「福島が答えろ」と私に迫った。「何か言う？」と市野澤先生からマイクが回ってきた。「今、私にできることは民事再生手続きを最後まで行い、PGM社様に経営を引き継いでいただくことしかありません」。そう回答し、改めて深く頭を下げてお詫びした。

債権者集会が終わり、PGM社の皆さんに御礼を伝え、市野澤先生と翌日以降の打ち合わせをして、参加してくれた多数のスタッフを労った。会場を出る頃には疲れ果てていた。帰りの車中、鏡で自分を見たら白髪が増えた気がした。

申し立てと債権者集会が山場だと思っていたが、今回は違った。債権届出書を債権者に郵送したところ会員からの問い合わせが殺到し、電話応対が大混乱に陥った。裁判所名の封書で送ったので、届いた会員は大慌てで開封し、事の次第を知ったようだった。最初の書面はサンユウ産業名で送ったので、多くの会員が開封していなかったのだ。

朝から夜まで電話が鳴りやまない。ファクスも次から次へと届く。弁護士団にも参加してもらいながら必死に電話応対をしたが、全く追いつかない。「電話がつながらない」と裁判所にクレームを入れる会員もいた。裁判所から状況を改善するように指示されたが、こちらも必死だった。

事務所に直接やってきた会員も多かった。中には間違えて隣のビルに入ってしまい、そのビルにないと気づくと「詐欺ではないか」と裁判所に抗議する人もいた。道に迷っているという人を駅まで迎えにも行った。電話に、直接応対にと駆けずり回っていた。

私自身は電話に出ないようにと言われていたが、もはやそうもいかない。スタッフが応対に困っている電話を引き継いだり、自ら受話器を取ったりもした。

名前を名乗ったら「あんた、社長さんかい？　直接電話に出るなんてびっくりしたよ。最後まで頑張ってくれよ」と励まされることもあった。電話で会員のご子息と話が深まり、「父が大好きなゴルフ場でした。本当に長い間世話になりました」と書かれた手紙をいただくこともあった。その手紙は最後まで自分を鼓舞してくれた。

電話を受けた本数を数えると、私だけでも1日70本になった。中には嬉しい出来事もあったが、罵声を浴びることがほとんどだった。受話器を握って頭を下げ続けるしかなかった。

受話器から女性の金切り声が聞こえてくることもあったし、怒号とともに突然電話を切られることもあった。会員ご本人は亡くなっていて、相続を受けた人からの怒りの声が多かった。「会員権は父の大切な資産だ」と叫ばれた。会員の家族も含めて、ゴルフ会員権に資産という夢を乗せていたことを思い知った。

再生手続きをしながらゴルフ場の経営も続けていた。民事再生手続きの認可決定まで粘り続けなくてはならない。途中でギブアップしてしまえば破産に移行し、会員のプレー権も社員の雇用も守れなくなる。営業中にゴルフ場に電話で問い合わせをしてくる会員が増え、さらにはプレーに来た会員が、支配人を捕まえて懇々と説教することもあった。

現場の苦労は相当なものだったろう。取引業者が一転して債権者となり、これまでとは違う対応をしなければならなくなったりもした。大多数の業者が協力してくれたおかげで事業は継続できたが、それを許さない業者もあった。

斎藤支配人には戦国時代の合戦における殿《しんがり》のように、前線で戦いつつ、最後まで撤退戦を続けるという難しい役割が求められた。斎藤支配人には週1回、ゴルフ場に行って進捗状況を伝えた。とはいえ、できることといえば、近くにある喫茶店で一緒にコーヒーをするくらいだった。苦労をかけていることを詫びると、「大丈夫ですよ」とかすかに笑う斎藤支配人に救われた。

自分1人が頑張っているのではない。ゴルフ場、再生推進室、すべての関係者が富士御殿場ゴルフ倶楽部という大好きなゴルフ場を世に残そうとギリギリで踏ん張っていた。

経営譲渡とピンポンパンゲーム

再生手続き中の経営の主導権は私たちにあった。萎縮することなく、しっかりと営業を続ける。そのためにも社内行事は普通にやった。

債権者からすれば許されないかもしれないが、夏のバーベキュー会も開催した。所属長たちが肉を焼き、社員に振る舞っていた。調理長が汗だくになりながら焼きそばをつくってくれた。社員だけでなくキャディーからパートさんまで、その夜だけは頬を緩めていた。「最後まで頑張ろう」。そんな掛け声だった気がする。

債権者からの対応に追われているという現実に直面しながらも、いつもの楽しい会社でありたいという理想、いや空想を抱いた。たった1日なら、そんな空想や夢も許されるのではないかと思った。皆が楽しむ景色がスローモーションのように見えて、目が潤んだ。

債権者とスポンサーを交えた長い折衝が完結し、最終的な譲渡価格が決まった。念願だった再生計画案を債権者に送付した。8月30日のことだった。結果、債権者数で89％、債権額で78％の同意を得て認可決定となった。その1カ月後となる12月上旬に認可が確定した。ここまで薄氷を踏むような状況の連続だった。

ホッとしたのも束の間、いよいよPGMへの譲渡作業が始まった。

富士御殿場ゴルフ倶楽部で従業員説明会が開かれた。PGMからはエリア本部長をはじめとする役職者が集まった。私も、出席して社員にお詫びを述べるように言われた。正直、行きたくはなかった。会の冒頭で、社員に対してこれまでの協力への御礼を述べ、「PGM社のもと、いいゴルフ場を作ってほしい」と伝えた。それが精一杯だった。

対して、PGMの本部長は「今までのあなた方の苦労が報われるようにします」と語った。社員とのQ&Aでは「制服は変えてあげます」とも言った。私が社員に対して何もできていなかったかのように聞こえた。居場所をなくした負け犬のようで卑屈になった。潔くない自分が嫌だった。

説明会の後、「富士御殿場ゴルフ倶楽部」の看板が外された。父が運営していたゴルフ場の中で唯一自分で書いた、力強い字が印象的な看板だった。

「鹿沼に持って帰りますか？」と聞かれたが、「捨ててください」と答えた。「御殿場東名ゴルフクラブ」という新たな名称の看板が掲げられた。すべてが終わろうとしていた。

この少し前、所属長の皆で飲みに行った。その日はなぜか皆、ハイテンションだった。緊張が続く毎日にあって、唯一与えられた緩みだったのかもしれない。なぜかピンポンパンゲームをやった。これまでにないほど部署や役職の壁を超えて盛り上がった。

会がお開きになったのち、外で写真を撮った。肩を寄せ合い皆、笑顔だった。

なぜ集まったのか。なぜゲームなどしたのか。理由などどうでもよかった。あのときの笑い声は今も心に刻まれている。それで十分だった。

第5章

未来へ

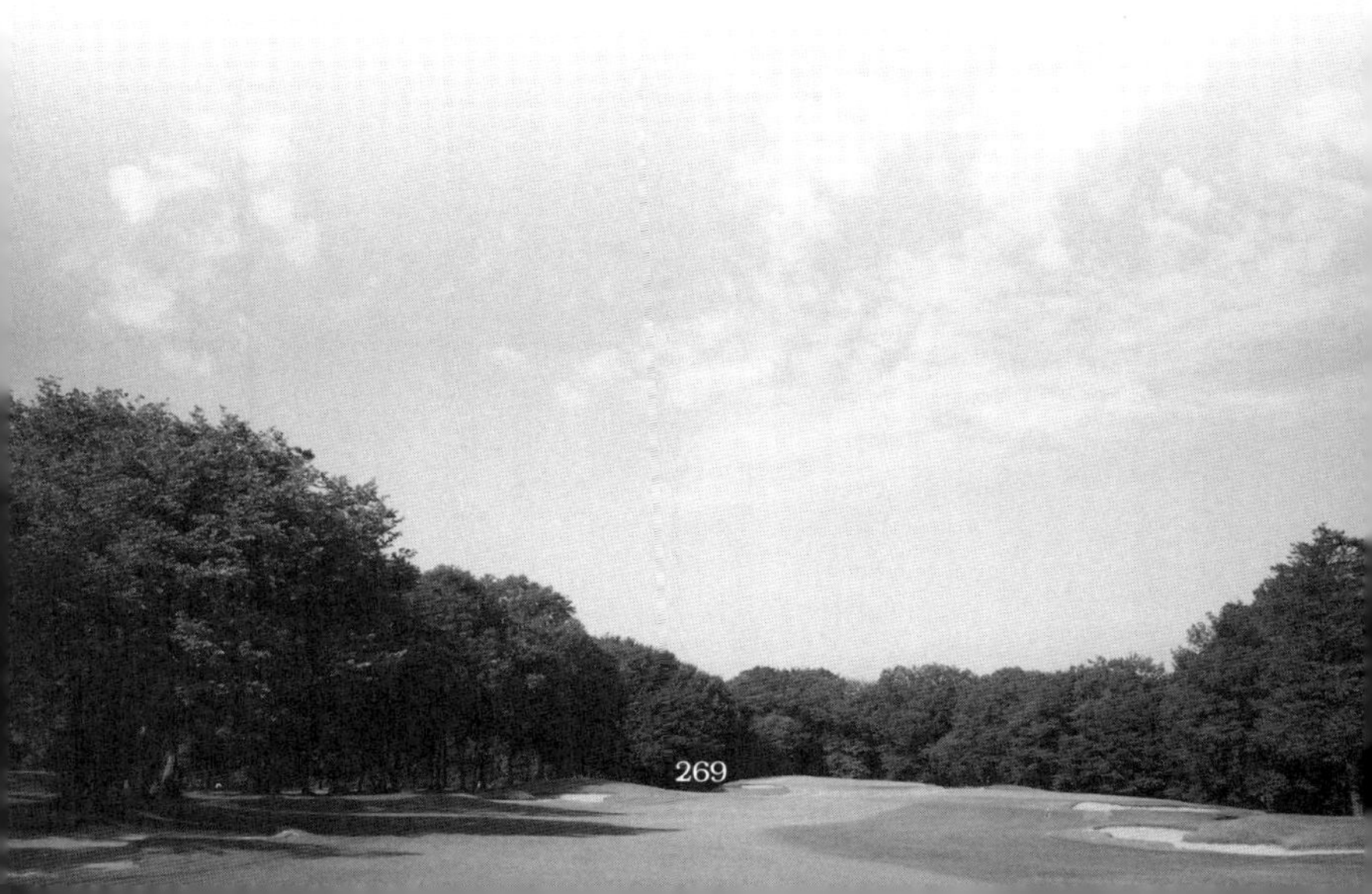

コロナショック

２０２０年1月15日、サンユウ産業の会社分割決裁が実行された。ＰＧＭ社から譲渡代金が振り込まれ、債権者への支払手続きを経て再生手続きが完了した。富士御殿場ゴルフ倶楽部はサンユウ産業から新設会社「御殿場ゴルフ」社に移管され、新たなゴルフ場に変わった。すべてが終わり、私たちはゴルフ場を１つ失った。

一大事ではあったが、サンユウ産業の民事再生手続き業務だけをしているわけにはいかなかった。鹿沼グループの代表として栃木３社の経営を続けていかなければならない。富士御殿場なき後も見越しながら、同時並行で新たな組織作りを進めた。

新たな経営計画策定作業と並行して、財務に関する大きな案件が動いていた。足利銀行との取引の本格的再開だ。民事再生後、栃木３社の別除権債権はサービサーやファンドに転売され、最終的にはあるサービサーが保有していた。そんななか、足利銀行が栃木３社の別除権債権をリファイナンス、つまり肩代わりするという話が動き出していた。

民事再生後も足利銀行からの融資は受けていた。とはいえ、東日本大震災のときの制度融資や関東豪雨での激甚災害対応融資といった特別な融資だけで、（信用保証協会の保証などがなく、金融機関が直接融資する）プロパー資金の融資ではなかった。過去に債権放棄した企業に再び融資を実行するというのは、かなりハードルが高いことは分かっていた。

だからこそ、支店長から「承認が下りましたよ」と連絡が来たときの高揚感は忘れられない。民事再生手続きの申し立てから15年を経て、足利銀行からの融資が復活した瞬間だった。融資決定の背景には、想像もつかないくらいの議論が行内であったことだろう。足利銀行のＯＢの人たちも含め、多くの人の見えない支援もあったのだろうと感じた。

融資契約書に調印したときは気持ちが高ぶった。社員から誕生日祝いにもらったペンで署名し、会社代表印と個人実印をグッと力を込めて押した。

こうして財務面が整い、新たな組織や戦略実行に向けた準備が進んでいた。しかし計画発表会の翌月、世界を揺るがす大きな出来事が起きた。「コロナショック」だ。

富士御殿場ゴルフ倶楽部を失い、自信も失っていた私は、経営者としていい結果を生むことができなくなっていた。そこにコロナ禍が起きた。この10年間、東日本大震災など１００年に一度と言われる災害が立て続けに起きたが、初めて経験するパンデミックだった。

３月の三連休を前に、ゴルフ場にはキャンセルの電話が鳴りやまなかった。３月25日に東京都の小池知事が「感染爆発 重大局面」と題した記者会見を行い、イベントの参加やスポーツジムの利用などを避けるよう都民に要請した。それを受けて、各地で活動自粛状態に入っていった。

東日本大震災のときもそうだった。自粛という掛け声の下、不要不急の外出に分類されるレジャーの利用が制限された。ゴルフ場の予約はほぼキャンセルされた。コロナの場合、そもそも人との接触が禁じられており、人と一緒に楽しむビジネス自体が許されない。

海外での感染拡大や死亡者数が増加するなか、国内の感染状況も日に日に悪化し、3月下旬のゴルフ場の営業収入はほぼゼロに近い日が続いた。都内の百貨店や飲食店、レジャー施設などが続々と営業停止に踏み切った。当社の社内も混乱していた。まずは営業方針を決めなければならない。ゴルフ場の営業をやめるか、それともこのまま続けるか。

私たちのゴルフ場はメンバーシップコースである。再生を成し遂げられたのもメンバーの協力あってのことだった。コロナ禍が終息したとき、お客様はどんな会社を支持するだろうか。真摯にお客様に向き合う企業ではないだろうか。

メンバーの第二の家のように、私たちのゴルフ場に戻ってくる日が必ず訪れる。そのときのために、玄関にあるランプの灯はいつでもつけておきたい。他のゴルフ場がどうであろうとも、メンバーが1人でも来場してくれる限り、当社は営業を続けよう。ただし、できうる限りの対策を実施し、どこよりも安全に営業を続けると決めた。

危機の中にあって、正解はない。議論を尽くして決断し、決めたからには力を合わせて道なき道を進むほかないのだ。

経営者として、この危機を乗り切る具体的な道筋を示すため、「コロナウイルス緊急経営方針フェーズⅠ」を策定した。危機のさなかにあって、内なる自分の何かが変わるのを感じていた。何がなんでもこの会社を守るのだという使命感。親が身を挺して子どもを守るかのように、未曽有の危機を前に私は奮い立っていた。

4月3日。徹夜で完成させた緊急経営方針を経営幹部に発表した。ゴルフ場の営業は継続すること、メンバーを中心とした営業方針とすること、営業戦略は「元気な挨拶」のみに絞り込むことを伝えた。その上で優先すべきは安全対策だった。

お客様や社員など、それぞれのステークホルダーに対するコロナ対策ガイドラインを早急に策定する必要があった。給与については、4月と5月は全額支給することを約束した。コスト面に関しては、大切なコースを守るために必要なメンテナンスは継続することも指示した。そして、私自身が推進委員長として陣頭指揮を執ることを経営幹部に伝えた。

ゴルフ場の所属長たちにも同様の方針を伝えた。先が見えない中で不安感に襲われている社員にまずは直接、自分の言葉で「心配するな」と伝えたかった。

説明会の最後に3つのことを宣言した。

第一に、コロナウイルスがどうなるかは誰にも分からないが、終息する日は必ず来ること。

第二に、終息後には反転する時が必ず訪れるので、未来に向けて準備しようということ。そして最後に、多くの危機を乗り越えて企業再生を果たした自分たちの力を信じ、自信を持って前進しようと伝えた。

見失いつつあった自信や信念を投影するかのように、私は皆に強く語りかけた。

その後のコロナの感染スピードはすさまじかった。4月16日には全国に緊急事態宣言が発令された。栃木県内でも休業要請が出される施設が増えた。私たち経営陣も毎日のように議論し、情報収集しながら都度、方針転換を余儀なくされた。朝令暮改が私たちのキーワードになった。

コロナショックという未曽有の危機は、経営幹部が再び結束し、組織の危機対応力を高める機会になった。しかし危機対応は、ここからが本番だった。

原点に立ち返る

コロナ禍では、ゴルフが「三密」を回避し、ソーシャルディスタンスが取れるレジャーとして認知された。だが、そうなるまでには少し時間がかかった。当初はゴルフで感染した事例がテレビのニュースで報じられるなど、ゴルフビジネスへの風当たりは強かった。先の見えない経営環境のなか、一刻も早く手を打たなければならなかった。

幸いにもゴルフ場は休業要請施設の対象外だったため、安全対策を徹底しながら営業は続けた。しかし、お客様が来ない。

現金収入を基盤とするサービス業では、顧客が来なくなると資金繰りに即、打撃が生じる。特に資本力のない中小企業は、現金が回っていないと資金ショートに直結する。当社もあっという間に危機的な状況に陥った。この状態が3カ月以上続けば会社は持たない。何時間も自室にこもり、「コロナウイルス緊急経営方針フェーズⅡ　事業継続計画」を立案した。

会社を継続させて雇用を守る。そのために来場者数に応じてゴルフ場の休業を決める、すべてのスタッフに公休を取ってもらう、支出を徹底的に削減する。そうした具体的な策を打ち出した。

「自分がやらずして誰がやるのだ」というエネルギーが体の内から湧いてきた。

これまでの経験を通じて、危機は変革の機会に、ピンチはチャンスに変えられると本能に組み込まれていたのかもしれない。一つひとつの具体策を丁寧に文字に書き起こすことで、危機を克服する道のりの解像度が上がっていった。

事業継続計画を書き上げた瞬間、「これならいける」という根拠のない自信が芽生えた。経営幹部には計画を説明し、低空飛行での経営を訴えた。雲の上は嵐が吹いている。だから低空飛行を維持しながら前進は続ける。

そう告げると、不安に満ちた顔をしていた経営幹部たちは、1人また1人と顔を上げてくれた。危機を乗り越えるためには、先頭に立つリーダーの信念と自信が不可欠だ。「強いスクラムを組んでリーダーシップを発揮してもらいたい」。経営者として、そう指示を出した。

5月に入り、事業継続計画の各施策を実行に移した。安全対策についてはガイドラインを策定し、ホームページに掲載するとともに安全対策動画も作成した。この動画を館内で流し、万全の対策をしていることをお客様にアピールした。

レストランにはパーテーションを、乗用カートにはカーテンを取り付けた。消毒作業などをするのは現場のスタッフだ。新たな業務が増えてしまい、社内からは「やりすぎではないか」という声もあった。しかし、お客様の「鹿沼グループは、どこのゴルフ場よりもしっかりと対策をしているよ」という声が社内の反対意見を打ち消した。お客様に褒められることでスタッフの安全対策への意識が変わっていった。

営業面では、コンペ集客のための営業活動などは一切やめた。代わりに地域密着型営業を推進し、地元メンバーには積極的に声をかけた。月例競技も継続した。民事再生を果たせたのは、メンバーシップというゴルフ場経営の柱を守ったからだ。その原点に立ち返り、メンバーがいる限りは競技を続けることにした。何事も、迷ったときは原点に戻ることだ。

レストランの食事は蕎麦やラーメンなど、手早く食べられるメニュー数品に絞り込んだ。しばらくするとお客様から「飽きてきた」という声が出てきた。そこで「ニューノーマルバイキング」と名づけた新たなスタイルを導入した。お客様には使い捨ての手袋をしてもらい、トングは一人ひとりに渡した。安全と満足度の両立を目指したスタイルは評判が良かった。この頃から来場者数も復活の兆しが見えてきた。

給与や働き方についても大胆に見直した。私の報酬は大幅に削減し、経営幹部にも給与カットを依頼した。社員には一時帰休制度を導入した。休業分の給与は１００％補償することを前提に、顧客数の少ない日は積極的に休んでもらい、月に平均６日以上の一時帰休を依頼した。

だが、給与が補償されても社員の働く意欲を減退させていることが分かった。そこで、休業中の読書補助金などを用意し、リスキリング的な活動も奨励した。一時帰休に連動した雇用調整助成金も積極的に受給した。

さまざまな対策は着実に実行したが、お客様はそう簡単には戻ってこなかった。２０２０年４～６月の来場者数は前年比40％前後まで落ち込んだ。先が見えず苛立つなか、政府や行政の度重なる方針転換に経営幹部も疲れていた。会議の席で激しい言葉が行き交うことも多かった。

コロナ対策とは一見関係のないクールビズ対応が議題に上ったときもそうだった。暑い日が続き、支配人からクールビズの開始時期を早めてほしいという要望が出た。ゴルフ場もホテルと同じく接客業である。この観点からネクタイを外すクールビズには基本的に反対で、あくまで夏の短い期間だけ許可していた。すると、ある部長が「社長は現場を知らない。皆、暑くて大変な思いをしているのだからネクタイは外させてあげるべきだ」と反発した。しばらく激論し、最終的にはその意見を取り入れた。

別の日には、ある支配人が友人とゴルフをした後に会議に参加した。会議中、彼は赤ら顔でうつらうつらしているように見えた。「寝ているなら顔を洗ってこい」と叱ったが、本人は「寝ていません」と言い返してきた。数分するとまた寝ている。我慢できず、「出ていけ」と退出させた。私の危機感や焦りが苛立ちにつながり、現場はピリピリとした空気で張り詰めていた。

雇用を守るためにも、夏の賞与は大幅減額する決断をした。社員にはロードマップを提示しながら、現状を説明した。「いずれワクチンが完成し、来場者数も資金繰りも必ず回復する時が来る。雇用を守るために今は我慢をしてほしい」。社長がこう伝えれば誰もが納得してくれる。そう思い込んでいた。

だが、説明会から数日後、支配人から「会社宛てのメールに顧客からのクレームが入った」との報告を受けた。そこには、「私はゴルフ場のメンバーだ。会社は社員をどれだけ働かせるつもりか。社員がかわいそうではないか」と記されていた。

メンバーだと書いてはあるが、差出人の名前はなく、文章も短かった。メンバーが社員のことを心配しているのだとすれば、こんなに嬉しいことはない。しかし、私にはこれがメンバーからのメールだとは信じ難かった。脳裏に浮かんだのは、くだんの怪文書だった。

「またか」と落胆し、自分が独り相撲をしていたのだと気づいた。スタッフが顧客を装って書いたのかどうかは分からないが、社員のSOSだと思うようにした。

再生から成長へ

ゴルフはソーシャルディスタンスが図れるスポーツだという認識が広がり、7月頃から徐々に顧客が戻ってきた。その後は私が描いたロードマップ以上に、急カーブを描きながら経営状況は右肩上がりに回復していった。

追い風を受けて営業活動を一気に強化した。すべてのメンバー宛てに、「ゴルフ場は今日も元気に営業を続けております」という営業宣言レターを送った。スタッフの人数は少なくても、安全対策はもちろん、コースメンテナンスも万全の状態でご来場をお待ちしているとPRした。社内的にも「Back 2 Kanuma」という名前を付けて、さまざまなキャンペーンを展開した。

その結果、8月は来場者数が前年度を上回った。予断を許さない状況ではあったが一筋の光が見えた。社内では事業継続計画のための詳細な役割責任表を作成し、一つひとつ潰していった。財務面では、コロナ禍によって融資環境が大きく変わったこともあり、足利銀行からの緊急融資のみならず、日本政策金融公庫からも新規融資を受けた。雇用調整助成金や税金軽減を含めた各種補助金なども積極的に確保した。サービス業として日銭に頼らない、会社を潰さないための財務基盤を整えようとした。

来場者の回復や財務基盤の強化状況を鑑みて、9月からはさらに一歩進んだ施策を展開した。ウィズコロナでの持続的な経営体制を確立することが目的だった。ニューノーマルという言葉が出てきたように、コロナ禍で生活スタイルそのものが変わろうとしていた。

「接客」から「非接触」へ、「おもてなし」から「デジタル」へと、民事再生時から大切にしてきたアイデンティティーを変える覚悟が芽生えていた。「環境の理解」という資料を作成し、管理職にも説明し変化を求めた。緊急対策という名の下に、我慢を強いられ続けている社員の不満も感じてはいたが、環境に適応するために変化しなくてはいけないと自分に言い聞かせた。

情報収集の過程では、さまざまな経営者の言葉にも触れた。

市場や経済が回復することを前提に、これまでの方針を守ることで強みを発揮できると考える経営者。今までやってきたことを捨て、新たな道を模索する経営者。補助金は使わず、自力で立ち直ることが重要だと説く経営者。

コロナの考察から経営方針まで、100人いれば100通りだった。だからこそ、危機的な状況下では経営者の洞察力と決断力、そして自身が持つ経営哲学が不可欠だと感じた。洞察力とは世の中を客観的に見た上で冷静に自社を見つめることであり、決断力とは物事をやり切る実行力であり、哲学とはそれらを判断する叡智である。

秋になり、社員には少しばかりの臨時賞与を出し、ウィズコロナへの経営施策の実施に踏み切った。ウィズコロナで持続的な経営体制を構築するために、売り上げや利益の数値目標はもちろん、新規会員獲得数や賞与復活も目標に掲げた。さらに、新たなプロジェクトを30個立ち上げるという無謀とも思えるようなチャレンジ目標も立てた。

2021年1月には「経営再興計画2021」と題したプランを発表した。「できることはすべてやり全力を尽くす」「一人ひとりが当事者に変わる」「まずは行動」という3つの方針を示した。2022年には会社のビジョンを変えることを明言し、不確実なウィズコロナの時代だからこそ、ピンチをチャンスに変える1年にしようと取り組んだ。

経営者人生において、それまでは再生のための20年だった。ゴルフ場業界全体が右肩下がりのトレンドの中でもがいてきたが、コロナ禍がターニングポイントになった。再生から成長へ。負け犬根性という自分たちのマインドこそ、何より変わる必要があった。

次のゴルフ場を創り出す

「再生から成長へ」と変わるべき時がやってきた。２０２２年に「また来たいと思ってもらえる次のゴルフ場を創り出す」という新たなビジョンを策定した。経営理念を変えたのは14年ぶりだ。何度も自分自身に向き合いながら、１年かけて準備した。経営理念は経営者の専権事項であるという信念の下、自分の言葉で未来を綴った。

新たなビジョン実現に向けてさまざまなことが動き出した。実行する施策の数もスピードも、これまでとは段違いだった。ここでは現在も取り組み中の案件も含めて、鹿沼グループのさらなる成長に向けた挑戦の一部を紹介したい。

●**基幹システムのリプレース**

コロナ禍でデジタル化が進んだのに併せて、基幹システムのリプレースを実施した。ベンダーを変更し、運用スタイルをオンプレミス（サーバー機器などのハードウエア、業務用アプリケーションなどのソフトウエアを自社で保有して運用すること）からクラウド型に変え、すべてのクライアント（パソコン）も刷新し、自動精算機も11台導入した。システムが変わればオペレーションも変わる。抵抗を示す社員は多かったが、全社で統一を図った。

●グループWEB会員制度の導入

システムのリプレースに伴い、自社のウェブサイトから、各コースの予約やチェックインができる「グループWEB会員制度」を導入した。自社サイトから直接予約する顧客が増えれば、ポータルサイト経由で予約を獲得したときよりも利益率が上がる。

WEB会員への入り口となるLINE会員の獲得にも力を入れた。2024年3月時点でWEB会員とLINE会員の合計数は5万人を超え、顧客基盤は確実に拡大した。自社サイトからの予約比率は鹿沼カントリー倶楽部では30％を超え、ポータルサイトからの予約比率を上回った。同時に朝のセルフチェックイン比率も30％近くとなり、生産性が上がった。

●バックヤードのDX化

給与振り込みや勤怠管理はすべてデジタル化した。経理部には入出金のオンライン管理機を導入し、業務負担を軽減した。会計もクラウド化し、本部で一元管理する体制を整えた。中小企業のDX化にはクラウド経由でソフトを提供するSaaS（サース）の活用が有効だ。定額のSaaS

システムを組み合わせて活用することで、最低限のコストでデジタル化を達成できた。

●マーケティング施策の導入

新卒の若手社員を中心にレベニューマネジメント部を設立し、大手ポータルサイトのプライシングサービスを活用したダイナミックプライシングを導入した。従来の経験と勘をベースにしたプライシングから、データと洞察力によるレベニューマネジメント体制に変わった。マーケティングの強化に伴い、ＫＰＩ（重要業績評価指標）も見直した。来場者数と単価から、稼働率と客単価を掛け合わせた「ＲｅｖＰＡＴＴ（レヴパット）」という指標に変えた。レベニューチームの努力もあり、２０２２年からの2年間でグループ全体のＲｅｖＰＡＴＴは７％以上アップした。

●35歳以下の会員制度

コロナ禍で伸びた会員制度の１つが、鹿沼72カントリークラブに導入した「Ｕ35会員制度」だ。35歳以下の人たちがゴルフに触れるきっかけを作りたいと考えた。安価にプレーが楽しめるため注目度は高く、現在は１０００人の会員が在籍している。鹿沼カントリー倶楽部ではファミリー会員制度を新設した。75歳以上の会員が親族に会員権を譲渡するとファミリー会員となり、年会費が通常の半額になり、引き続き会員としてプレーできる。家族に継承しつつ、共にプレーするきっかけになればと思う。

●デジタルマーケティングとYouTube

Facebookやインスタグラムでの情報発信やSNS広告も積極的に展開している。「ももごる」というYouTubeチャンネルを立ち上げ、ゴルフ場のチャンネルでは異例の再生回数に達した。ホームページも10年ぶりにリニューアルし、AIチャットボットも導入。UI（ユーザーインターフェース）の向上を目指している。MEO（マップエンジン最適化）コンサルティングも導入し、グーグルマップからの顧客獲得にも挑戦している。

●コース管理のDX推進

コース管理のデジタル化を推進している。2023年にフェアウェイ用無人芝刈り機を2台導入した。スタッフの刈込作業をGPSで記憶し、無人で正確に再現できるティーチプレイバック方式の機械だ。導入当初はトラ刈りになったり、違う場所を刈り込んでしまったりとうまく稼働しなかったが、現場とメーカーの努力によって正確に稼働するよう改善された。夜中に無人機で刈り込めることもあり、刈込回数が向上し、フェアウェイのクオリティーも良くなった。もちろん、社員の業務負担軽減にもつながっている。

●グリーンの芝と管理手法の見直し

鹿沼72カントリークラブでは、栃木県で初めて「ティフイーグル」という新種のグリーンを採用した。もともとは温暖地用の芝なので栃木県の冬の寒さに耐えられるか不安もあったが、強いグリーンに仕上がった。同時に、猛暑の間に従来のベントグリーンを保護できるため、秋のグリーンの仕上がりが良くなった。水やりの管理体制も見直した。鹿沼グループ各コースでは水分計を活用しながら、きめ細かな水管理やグリーン散水を実践している。その効果もあり、2023年の記録的猛暑でも夏越しに成功した。

●「ゴルフ飯」の改革

ゴルフ場の食事は蕎麦やカレーなど、どこにでもあるメニューが多い。午後のラウンドまでの限られた時間内に提供しなければならないこともあり、簡易的になりがちだ。しかし、食事もゴルフの楽しみの1つだとすれば、「ゴルフ飯」を変えていくことも必要だと考えた。

まずは鹿沼72カントリークラブに電気ピッツァ窯を導入した。従来の御膳形式のランチだけでなく、仲間でシェアできる新たなランチメニューがあってもいいと考えた。「日本一のピッツァ職人」の称号を持つ「グランツァ」のオーナーシェフ・坂本さんの指導を受け、本格的な手作りナポリピッツァを提供できるようにした。中華が専門の調理師たちも東京に通い、ピッツァ作りを学んだ。ピッツァ生地の粉は坂本氏の店と同じ配分のものを製粉会社から納入してもらった。

鹿沼カントリー倶楽部では、コロナ禍で評判が良かったニューノーマルバイキングを改め、時期によって日本各地のさまざまな食事を味わえる「日本紀行バイキング」にリニューアルした。バイキングで提供する料理の品数も倍以上になり、コロナ禍で敬遠されていたバイキングスタイルが完全復活した。名物だったカルビラーメンはミールキット化に成功。グループ全体で販売を強化した。試食会なども積極的に実施し、4カ月で1400食を売り切ることができた。

また、喫煙場所にしていたテラス席を改装し、「ろくまるテラス」としてリニューアルオープンした。地域の名店である「日光珈琲」とコラボレーションし、コースを見下ろしながら日光天然氷のかき氷やオリジナルコーヒーを味わえる空間に変えた。夏には鹿沼市で唯一のビアガーデンイベントを開催したところ、地域の一般のお客様が多数ご来場してくれた。

栃木ヶ丘ゴルフ倶楽部ではワインクラブを立ち上げた。ゴルフ場でワインを飲む文化を作りたいという思いからだった。さらに、一般のお客様にもゴルフ場のレストランでハレの日を過ごしてもらおうと、「星月夜テラスディナー」という本格的なコース料理の提供を始めた。コンペルームやテラス席を改装し、ルーフトップのような空間で木々の緑を見ながら食事を楽しめる環境を整えた。サービスを開始してみると、親子で来場したお客様が栃木ヶ丘ゴルフ倶楽部の会員になるといった嬉しい相乗効果があった。

●ゴルフとキャンプの融合

栃木ヶ丘ゴルフ倶楽部では、アウトドアとゴルフを融合した「キャンピング＆ゴルフ at TGC」という取り組みも始めた。コース内のフェアウェイにテントを張り、1日1組限定でゴルフとキャンプを楽しめるというものだ。食事はクラブハウスのテラス席でコース料理を味わうなど、オーベルジュ感覚で利用できる。皆が寝静まった夜の真っ暗なコース、翌日はコースからの朝陽を眺めるという唯一無二の体験にお客様が感動し、リピーターも生まれた。

●婚活イベントとピッツァ教室で地域貢献

地域貢献につながる事業も展開している。鹿沼市サポーター企業に任命され、鹿沼市とさまざまな共同事業に取り組んでいる。ゴルフ場での婚活イベント「しかコン」を開催したところ、カップルが複数成立した。教育委員会と連携しながら取り組んだ食育事業「こどもピッツァ作り体験」も地域の親子連れで満席となった。

●ふるさと納税自販機の導入と鹿沼さつき祭り花火大会

ふるさと納税自販機は栃木県内のゴルフ場で初めて設置した。鹿沼カントリー倶楽部では1年間で1200万円の納税があった。また、鹿沼72カントリークラブでは「鹿沼さつき祭り花火大会」を実施している。１尺玉を含む１０００発をフェアウェイから打ち上げるのだ。多くの人たちが毎年楽しみにしてくれる鹿沼市の一大イベントになった。

●シミュレーターでゴルフを楽しむ

ゴルフ場でありながら、鹿沼72カントリークラブにはゴルフシミュレーターを2台設置したゴルフラウンジ「ＵＬＭＵＳ ＬＯＵＮＧＥ（ウルムス・ラウンジ）」を作った。まだ活用しきれていないが、未来に向けた施設として力を入れていきたい。

これらの施策は社外向けのものが多いが、社内改革も着実、かつスピード感を持って進めている。制服リニューアルプロジェクトやインターンシップを活用した新卒採用への取り組み、１ｏｎ１ミーティングの導入から、若手社員のエンゲージメントサーベイ導入まで。数えればきりがないほどさまざまな挑戦を始めた。これらはすべて「次のゴルフ場」を創るための軌跡だ。

次のゴルフ場とは何か。正解は１つではない。お客様、地域、そして社員。ステークホルダーによって、また個人によって次のゴルフ場の姿は異なるだろう。

イノベーションの道に終わりはない。次のゴルフ場とは何かを問い続け、行動し、失敗と成功を繰り返しながら、より良い未来に向けて私たちは歩み続ける。

第6章

再生に必要なもの

組織力の再生について

「再生」とは何か――。これまでの軌跡はすべて、この問いに解を出すための歩みだったように思う。昭和から平成へと時代が移りゆくなか、事業（商品）、組織、財務とありとあらゆるものが、鹿沼グループはどん底の状態にあった。一筋の光明を見いだしたと思った瞬間、新たな危機の訪れに呆然と立ち尽くしたこともあった。

社会や世界がドラスチックに変わる今の環境下では、どの企業も未曽有の危機に直面するリスクを背負っている。幸か不幸か、貴重な経験をした経営者の立場から、改めて「ヒト・モノ・カネ」という3つの経営資源を再生する考え方について考察したい。

再生とは「再び生きる」ことだ。何もなくなったゼロの状態から立て直すことは、再生とは呼ばない。小さな破片であっても、旧来から続くものを元にして再び生き直すこと。残された人や事業が、再び生きていくこと。これこそが、企業再生や事業再生の核である。私たちもそうだった。過去を否定し、大胆に変えなくてはならないことも多かったが、根っこにある「大切なもの」を見つけ出し、それを磨き育てるプロセスなくして再生は成し遂げられなかった。

ヒト、すなわち組織の力を再生するために、まずやるべきことは社内の人たちの「現在地」を知ることだった。私は入社後、すぐに社内アンケートを実施した。第2章で述べた通り、結果は散々だった。社内に危機感はあるものの、モチベーションやロイヤリティーは全く感じられなかった。給与の一部遅配もあり、会社への信頼感が完全に欠落していた。それでも、彼らの中には鹿沼グループの魂や細胞があるはずだと信じた。

私の根幹にあったのは、「人を大切にする」という思いだった。企業経営は群像劇のようなものだと、ある著名な経営コンサルタントが語っていた。私もその通りだと思う。社員一人ひとりに、その人だけの物語があり、人生がある。厳しくも大胆な改革をしなくてはならないときでも、一人ひとりの顔を思い浮かべ、その存在を認め、リスペクトすることが必要だと信じたし、何より自分がそうしたかった。

とはいえ経営危機のさなかである。お金がなくても、人を大切にする気持ちを伝えることはできないか。考えた末、まずは現場に行き、各部署を回り、一人ひとりに挨拶したり声をかけたりすることから始めた。初めは社員やスタッフから無視されることもあったが、続けるうちに一定の手応えを感じた。当時、ゴルフ場には合わせて100人以上のキャディーがいた。それぞれの物語に触れるための第一歩として、キャディーマスターに全員分の写真を撮ってもらった。写真の裏には氏名を書き、一人ひとりの顔と名前を覚えていった。

社員とは1年に1回、約1時間の個人面談を実施した。面談では、仕事の話はもとより、時には結婚相談のような個人的な話を聞いたりすることもあった。最初は半信半疑だった社員たちも、面談を重ねるたび心が変化していくのを感じた。毎月、各ゴルフ場で誕生日の人を招いたバースデーランチも行った。クリスマスカードも全員に送った。これらはすべて、経営危機のさなかにお金をかけなくてもできることだった。

無論、これらの活動を快く思わない社員もいた。怪文書騒動では「子供じみたバースデーランチ」と揶揄された。それでも続けた。すべては組織の力を再生するためだった。一人ひとりに目を向けながら、まずは経営陣と社員やスタッフの間につながりをつくることが第一歩だった。

その後は糸と糸をつなげて強い生地を作り出していくかのように、あらゆる策を通じて社員同士をつなぎ、組織の力を紡ぎ出していった。破綻に至るまでの道のりには、当社が組織力を喪失した要因がいくつもあった。社長や支配人のワンマン経営、多数の役員によるリーダーシップ不在、親族優遇と言われた人事、部門間のセクショナリズム、人事評価制度や給与制度の欠如。これらはすべて、社員同士の信頼感の欠如につながっていた。

これらの要因をすべて棚卸しし、早急、かつ矢継ぎ早に改革を実行した。人材配置を見直し、役員に名を連ねていた多くの親戚には経営から退いてもらった。人事制度を新たに整備し、昇給昇格を毎年実施した。若手社員の抜擢人事も頻繁に行った。

セクショナリズムを排するために、グループウエアなどのデジタルツールを活用し、社内の情報共有を進めた。社員同士の糸をつなぐためにアナログな仕組みも取り入れた。社員同士が「ありがとう」を伝え合う「サンキューカード」を導入した結果、月間で5000枚のカードが飛び交うようになった。

社員を対象にした無記名アンケートも続けた。民事再生が終わってから10年間続けた。15個ほどの質問に答えてもらい、項目ごとに点数化するというものだ。今でいう「サーベイ」である。点数と併せて、そこに書かれた意見を社内で発表する。同時に、現場の意見を基に組織改善の施策を実施することで心理的安全性を高めてきた。

研修制度も充実させた。新卒採用にも積極的に踏み切った。今、鹿沼グループの全社員約300人のうち50%以上が10～30代だ。ヒトの再生に取り組んだ結果である。

人事面・組織面の施策を297ページにまとめた。その時々は目の前の課題解決に追われていたが、こうして書き出してみると、無駄なことは1つもなかったと思う。とりわけ大きかったのが、新たに作成した経営理念の存在である。私は、鹿沼グループが破綻した最大の要因は「経営理念」がなかったことにあると考えている。

「経営理念なんてないよ。企業の存在意義はカネ儲けだよ」。私が入社したばかりの頃、役員に言われた一言がすべてを表していた。私たちの会社は何のために存在しているか。私たちの会社はどこに向かうのか。私たちは何を大切にしながら日々行動するのか。

これらを明文化し、「経営理念」として組織に血を通わせなければ足元を見失う。経営理念がなくとも、市況がいいときは、業績がすべてを包み隠してくれるかもしれない。だが、事業を取り巻く環境が悪くなった瞬間に足元からガラガラと崩れ出すだろう。

企業の再生には明確な理由や目的が必要だ。再生するのが当たり前だと考えているのは、経営者だけかもしれないということに、経営者自身が気づいていないことが多いのではないかと思う。再生は経営の目的ではなく、経営の手段にすぎない。

実は民事再生前から経営理念を作りたかったが、組織がそれを受け入れる状況にないと判断した。民事再生後、ようやく環境が整ったと考え、自分の中で温め続けていた念願の経営理念を初めて策定した。それが、以後10年の自主再建を支える原動力になった。

経営理念の策定に際しては、社員一人ひとりと面談した。彼らが大切にしたいことや、何にやりがいを感じるのかを丁寧に聞いた。組織を再び生かしていくために、心が破綻しかけていた彼らの本心を引き出していった。社員やスタッフの思いの集大成が経営理念やビジョンになった。「また来たいと思ってもらえるゴルフ場」。このビジョンが、その後の10年にわたる再生計画をまっとうする原動力になった。

組織力の再生には、社外のステークホルダーとの関係性を再生することも含まれる。当然なが

主な人事・組織施策

※現在は実施していない施策も含む

【経営理念制定】 2007年民事再生終結決定後に制定

【中期経営計画立案】 計画発表会・チェック会議等実施

【各種会議実践】 以前は会議自体がほとんどなかった

【朝礼】 各ゴルフ場で朝礼実施。営業実績・事例報告・理念復唱等

【マンスリーメッセージ】 社長からスタッフへのメッセージ。25年1月時点で第237号

【12の約束事例集】 バリュー 12の約束実践活動の好事例集。24年12月時点で第154号

【サンキューカード】 社員同士で「ありがとう」を伝え合うカード

【バースデーランチ】 一時支配人主催に移行したが、怪文書事件を機に社長主催に戻す

【全体研修会】 MVP表彰制度・事例発表等

【お客様の声カード】 お客様から声を聞き、カードで提出

【ミステリーショッピングリサーチ】 社内改善活動

【社内報】 グループウエアのトップページに社内情報ページを設置

【社内チャット】 スマートフォンから見られる社内情報掲示板

【コミュニケーション費】 会社経費でコミュニケーションを良くするイベントを企画・開催できる

【社員無記名アンケート】 改善項目を決定し、社内説明会実施

【社長個人面談】 年に一度、1人60分

【エンゲージメントサーベイ】 若手社員を対象

【各種研修】 マナー研修、役職・階層研修など

ら、会社が破綻に至るまでにはステークホルダーとの関係も破綻している。私たちを取り巻くさまざまな方々に応援し、支援してもらわなければ再生を果たすことはできない。

ゴルフ場には会員という、債権者であり最も影響力のあるステークホルダーが多数存在する。再生の過程で、会員の皆様には「このようなゴルフ場に変えていく」というマニフェストのようなものを会報などでお伝えし、約束をした。

地域にいる地権者の皆様にも、説明会などを通して一人ひとり説明させてもらった。滞納税金の納付については、国税局や市役所に何度も足を運び、財務状況を説明しつつ、できる限りの弁済をした。金融機関に対しても同様だった。分かっている事実をすべて公にし、少額でも弁済を実施した。

これらの対応を一言で表わすとすれば「誠実」だろう。「誠意」があるかどうかは、最終的には相手が決めることだ。しかし、誠実であることはできる。

再生の過程において、ステークホルダーに「誠意がある」と思ってもらうために心がけたことは2つある。「見栄を張らないこと」と「粘り強さ」だ。できないことは「できない」と言い、正直に頭を下げた。苦しまぎれの弁明をしたり、見栄を切って「やります」などと言ったりすることはなかった。実直に対応することで、何かが伝わったかもしれないし、次のチャンスを得られたかもしれない。

再生という局面では、金融機関を含め、ほぼすべてのステークホルダーが債権者になる。私たちは債務者である。その基本原則を忘れてはならない。いくら「銀行が貸し込んだからだ」という思いが心の中にかすかにあったとしても、絶対に態度に出してはならない。

キレることなく、諦めずに粘り強く交渉することが自分たちの強さを生み、たくましく折衝する力を与えてくれる。粘り強さが伝われば、相手の心も動かせるはずだ。逃げずに最後までやるという覚悟もステークホルダーに感じてもらえるはずだ。

どんな組織も人と人との関係性で成り立っている。組織を再生する力とは、人を再生する力でもあり、それは人と人との関係性を育み、強さと連帯をもたらしてくれる。

財務力の再生について

「財務」というと少し高尚な響きがあるが、「カネ」というとやや卑しさを感じるのはなぜだろう。

鹿沼グループが破綻に至った原因、それは財務ではなく、カネの問題にあった。

「勘定合って銭足らず」。黒字でも倒産することを表す言葉だが、事実、会社が破綻するのはカネがなくなったときである。経営の根幹はキャッシュ、現金の力だ。稼ぐ力とは現金を生み出す力にほかならない。現金のやり繰り、いわゆる資金繰りをどうまとめていくか。これこそが、再生に至る道のりにおける最も重要なことだった。

銀行員時代に財務分析を散々行った。当時はまだ電子化されていなかったので、取引先から預かった決算書の内容を、電卓を手に3期連続バランスシートのような資料に転記し、分析した。流動比率、営業利益率、自己資本比率……。さまざまな比率をはじき出しながら作り上げた比較表を基に企業を分析する。「在庫過多になっている」「売り上げの規模と借り入れが見合っていない」などバランスシートから読み取れるものは多い。バランスシートの改善は財務の再建につながり、企業の再生につながっていく。

銀行員時代に自ら手を動かすことを通じて、そうした企業財務の分析・改善手法を学んできた。だが、本当の危機にあっては財務分析など、ほとんど役に立たなかった。財務分析をすることで、鹿沼グループの財務力がいかに危機的な状況であるかは分かる。ただそれは誰が見ても明らかなことであり、そうなってしまった事業の要因、そこまで見過ごした組織の要因を潰すことが必要だ。「財務分析の結果、経理はこう対応してください」などと悠長な指示を出している暇はまるでない。現金はあっという間に消えていった。

私が入社した頃の鹿沼グループは、何にも増して明日の現金を必要としていた。そういう意味では「財務力の再生」というより、むしろ資金をいかに回していくかが目先の勝負だった。資金繰

りの基本は「入を量り、出を制す」だが、売り上げ、すなわち現金は、入ってきた瞬間にあっとい
う間に溶けていく。支払いが常に口を大きく開けて待っており、今日のお金は「じゅっ」と溶け、
あっという間に明日への不安がやってくる。

給与の遅配は会社破綻の最後の合図だ。社員の暮らしを守るためにも、給与遅配だけは何とし
ても解消する。そんな必死の思いで資金繰りの改善に取り組んだ。

まずは資金繰りの実態を把握することから始めた。自ら日繰りの資金繰り表を作成した。資料
をかき集めては表計算ソフトに打ち込んでいった。代表取締役副社長に就任してからは、経理伝
票にもすべて目を通した。週末になるとゴルフ場に足を運び、現場の伝票を1枚たりとも漏らさ
ずチェックした。毎日、どこに何をいくら支払っているのか。伝票を一枚一枚確認しては印鑑を
押していった。

破綻に至る企業は得てして経理の仕組みが複雑化している。鹿沼グループもそうだった。グル
ープ内各社に経理担当を置き、各自で入出金を行っていた。しかも、グループ間で右から左へと
資金を激しく動かしていたので、誰も実態を把握できていない状況だった。

支払いは従業員への給料を含め、月末に集中する。経営危機のときには月中になるべくお金を
出さずに貯め、月末にどこにお金を払うかを慎重に決めなければならない。しかし、現場の経理
は銀行や取引業者から責め立てられると、思わず払ってしまっていた。「払っちゃだめだよ」「す

みません、強硬に責められたもので」――。こんなやり取りを何度も繰り返した。後先を考えず、ある時払いでは資金が続かない。

この状況を変えるには、方法は1つしかない。グループ内の経理システムを統合し、資金繰りを一括管理し、優先順位を見極めることだ。グループ会社のうち1社でも、優先順位が高い支払いを後回しにしようものなら、キャッシュアウト、連鎖破綻の道が待っている。

「資金繰り会議」という名の支払い選択会議を毎月行い、どの支払いを止めるかまで、トップダウンで細かく指示した。「取引先に怒られたら、私が行くから、勝手に払うことはやめてほしい」と理解を求め、責任の所在はトップにあることを明確にした。

資金繰り会議は毎月20日頃に開いた。月末まで、1日ごとの売り上げ予測を立て、「この銀行には詰め込まれているから、今月はこれだけ払おう」と細かく決めた。この会議を開く前、各社の経理部長は不安顔だったが、会議後はホッとした表情を一様に浮かべていたのが印象的だった。税金などは支払いを待ってもらったが、財務状態を包み隠さず税務署員に見せた。払えるときには、払える額を少しでも払った。

危機下においては集中管理することが、経営のセオリーだと言われる。その通りである。資金繰りの改善にはトップダウンが何より重要なのだ。

中小企業と大企業の財務再建のやり方が異なることも身をもって実感した。例えば、鹿沼グループは年会費の未収入金を多く抱えていた。バランスシート上にどう処理していくかは、かなり力業が必要だ。大企業なら外部からの出資を受けて、一気に膿を出すこともできるだろう。しかし中小企業がそのような出資を募ることは難しく、仮にそのようにしてバランスシートを改善したところで銀行がお金を貸してくれる保証もない。

未払金の問題もあった。未払金というものは恐ろしい。ひとたび発生すると、雪だるま式に支払い不能に陥っていく。相当な資金の余力を生み出さない限り、支払いは追いつかない。痛みを伴う改革が必要だった。給与カットを含めた大胆な支出削減策をトップダウンで遂行し、少しずつだが資金余力を生み出していった。出血は止まり、給与遅配も克服し、収益構造は飛躍的に改善した。だが、資金繰りの改善だけでは本当の解決にはならない。緊急対策で止血した上で、大きな手術を施す必要があった。

ここで私たちが選んだのが、民事再生法の適用を申請し、財務面を再生するという選択だった。民事再生法は裁判所の管理下で債権放棄を法的に受けて、バランスシートを改善する手段であり、いうなれば財務の外科手術である。これが「財務力の再生」を果たす選択肢だった。

民事再生手続きに際しては、私たちはスポンサーに頼らず自主再生の道を選んだ。それは自分たちの力、自社の収益力で弁済していくことを意味していた。民事再生手続きを経て、再生できた企業の割合は30％に届かないと言われている。再生手続きで負債を削減し、バランスシートは改善できたとしても、持続的に回復していく力がなければ再度破綻してしまう。それでも自主再生を選んだのは、それまでに行った痛みを伴う改革で収益力が大きく改善していたからだ。

さまざまな手段で、健全に「入を量り、出を制した」ことが、民事再生後の私たちの基礎体力となり、計画通りに収益を上げていくことを可能にした。「財務力の再生」にはバランスシートの改善だけでは足りない。損益計算書、つまり事業が生み出す収益力を高めて根本的な体力をつけることが重要なのだ。最後は自分の足で立てることこそが大事だと信じ、そのために打てる手を矢継ぎ早に打っておいたことが、その先の財務再生の力につながったのだ。

民事再生を通じて、私たちはそれまでの財務の膿を出し切ることができた。切るべき関係は切り、不要な取引は見直した。いわゆる「ズブズブ」の関係をすべて清算した。危機的状況こそ、膿を出し切るチャンスだと私は捉えている。危機は経理や会計を整理する好機であり、立ち止まって経営のあり方を見直すチャンスなのだ。訪れる危機を利用し、財務という経営の血液をしっかりと循環させる。これが財務力を強くする秘訣だと改めて思う。

経営危機のさなかで財務分析はあまり役に立たないが、危機を招かないようにするためには財務の知識は必要だ。かつての鹿沼グループは、現場の経理担当者ですら財務の基本を分かっていなかった。各現場・各部署から上がってきた伝票の仕分けはできるが、「流動比率はどうしてこんなに低いのですか」と経理部長に質問しても、「流動比率とは何ですか」と返ってくる状態だった。

会計の結果、バランシートがどのように出来上がっていくか、理想的なバランスシートはどんなものかを理解していないと、稼ぐ力は衰え、負債はどんどん膨らんで、ぶよぶよの風船のような財務になる。

いわゆるファイナンス思考が社内に備わっていないことを当時、強く感じた。社員は何も悪くない。何しろ、経理部長も役員も「決算書は見たことがありません」「決算書は社長が持っています」と言ったので私はびっくりしたが、こういう中小企業は多いのだ。

鹿沼グループでは今は毎月の売り上げは全社員に公開し、バランスシートは幹部に細かく説明している。そうすると、自社の財務が良くなる構造が共有できる。ゴルフ場は固定費が占める比率が大きい商売なので、売り上げの確保が極めて大切だということが共通認識になれば、いろいろな施策を打つ意味が腹に落ち、日々の動き方も違ってくる。

事業力の再生について

企業再生と事業再生。この2つの言葉は、似たような響きだが意味がまるで違う。

鹿沼グループを再生する過程で、富士御殿場ゴルフ倶楽部は事業再生の道を選んだ。PGMという、日本で最大のゴルフ場経営会社にゴルフ場を譲渡した瞬間、富士御殿場ゴルフ倶楽部を経営していたサンユウ産業という会社はこの世からなくなった。

法的にもそうせざるを得なかったし、経営を他に譲って事業再生の道を選ばない限り、弁済資金の確保も含めてヒトもモノも守れないと判断したからだった。

一方、鹿沼カントリー倶楽部などについては、企業を残す形で再生という道を選んだ。事業再生と違い、企業再生はDNAが残る。鹿沼カントリー倶楽部は再び生きたいと踏ん張り、会社を残すことを社会から許された。

企業再生と事業再生、いずれにおいても事業の力を再生するためには何が必要なのか。

私は2つあると考えている。1つは「大きな流れをつかむこと」。もう1つは「事業の本質をつかむこと」である。

大きな流れをつかむにはいくつかポイントがある。

まずは、世の中の流れとともに業界の抗えない大きな流れをつかむことだ。過去からの抗うことのできない潮流、ゴルフ場ビジネスで言えば会員権の価値の下落や、ゴルフ人口の減少や高齢化を含むものだが、これらはほぼ確定している未来である。ここについては、既存のビジネスモデルにとらわれず、潮流に沿う形で今できる範囲で動くことができる。現在持っているリソースを、現在、そして未来に確実に訪れる潮流に向けて微調整を続けることが不可欠である。

一方で、インターネットの登場や、外資系の日本進出に伴う新たなプレーヤーの出現など、業界を取り巻く社会のドラスチックな変革にも目を向けることが重要だ。ゴルフ場がサービス業へと形態を変えていくなか、日本では外資系のゴルフ場が、破綻したゴルフ場を次々に買収していった。アセットを安く仕入れた外資系大手はコストリーダーシップ戦略で低価格で攻勢をかけてきた。同時に、インターネットの普及により予約ポータルサイトが台頭し、価格競争が熾烈を極めた。彼らは黒船のように私たちに改革を迫った。

これらを悪とみなす人もいた。だが私は、外資系大手企業の経営を時に学び、差別化する方法を考え抜いた。ポータルサイトによって新規顧客を獲得しやすくなったと捉え、サイト運営会社と協力体制を構築しながら営業をブーストさせていった。

彼らが提案する新しいサービスなどは積極的に取り入れてきた。最近ではレベニューマネジメントがその1つだ。日本のゴルフ場では直前に予約をキャンセルしてもペナルティーが発生しないことが多い。これに対して、天候の変化も織り込んで需要予測し、需要が少ないときには価格を下げるという試みが始まっている。サイト運営会社から「福島さん、こういうサービスを始めるのですが、どう思いますか」と聞かれ、私はすぐに採用した。

新しく出現したプレーヤーに拒否反応を示す経営者や組織もあるが、そんな暇はない。拒否することにエネルギーを注ぐよりも、変革を好機と捉える姿勢が経営者には必要なのだ。「抗うよりも流れに乗る」。これが事業再生の秘訣だと思う。

そうして前のめりの姿勢を続けていると、新しいプレーヤーに企画段階から相談されることも増える。一緒にゴルフ場を盛り上げていこうというパートナーの関係になれる。これは大きい。

事業再生局面では、視野を広げることでゴルフ場を取り巻くビジネスの潮目が変わったのだと冷静に把握できた。事業ドメインを変えるための経営改革を実施するほかないと納得できた。

そして、ゴルフ場が不動産業からサービス業へと変貌を遂げるには、ビジョンに掲げた「また来たいと思ってもらえること」を追求すること、そのためにサービス業の本質であるQSC（クオリティー・サービス・クレンリネス）をシンプルに追求していくことこそ重要だと腹落ちした。事業の本質をこうして追求するのが、もう1つの再生の秘訣だ。

そこからは、できることをひたすら地道に実行していった。サービス向上研修の導入や館内清掃の見直し、評判の悪かった食事の改善に至るまで、思いつく限り手を加えた。最大の商品であるコースのメンテナ

バリュー

12の約束Ⅱ

ビジョンの実現に向けて、どのように
行動するか、何を大切に仲間たちと仕事を
していくか。
日々の活動の中心となる価値観、行動原則
スタッフ一人ひとりの自分との約束
それがWE7です。
そして、変化の時代に
リーダーシップは必要です。
リーダーとして、組織を前に進めてくれる
熱い気持ちのある皆さんに大切にして
もらいたいリーダー自分自身との約束
それがLE5です。

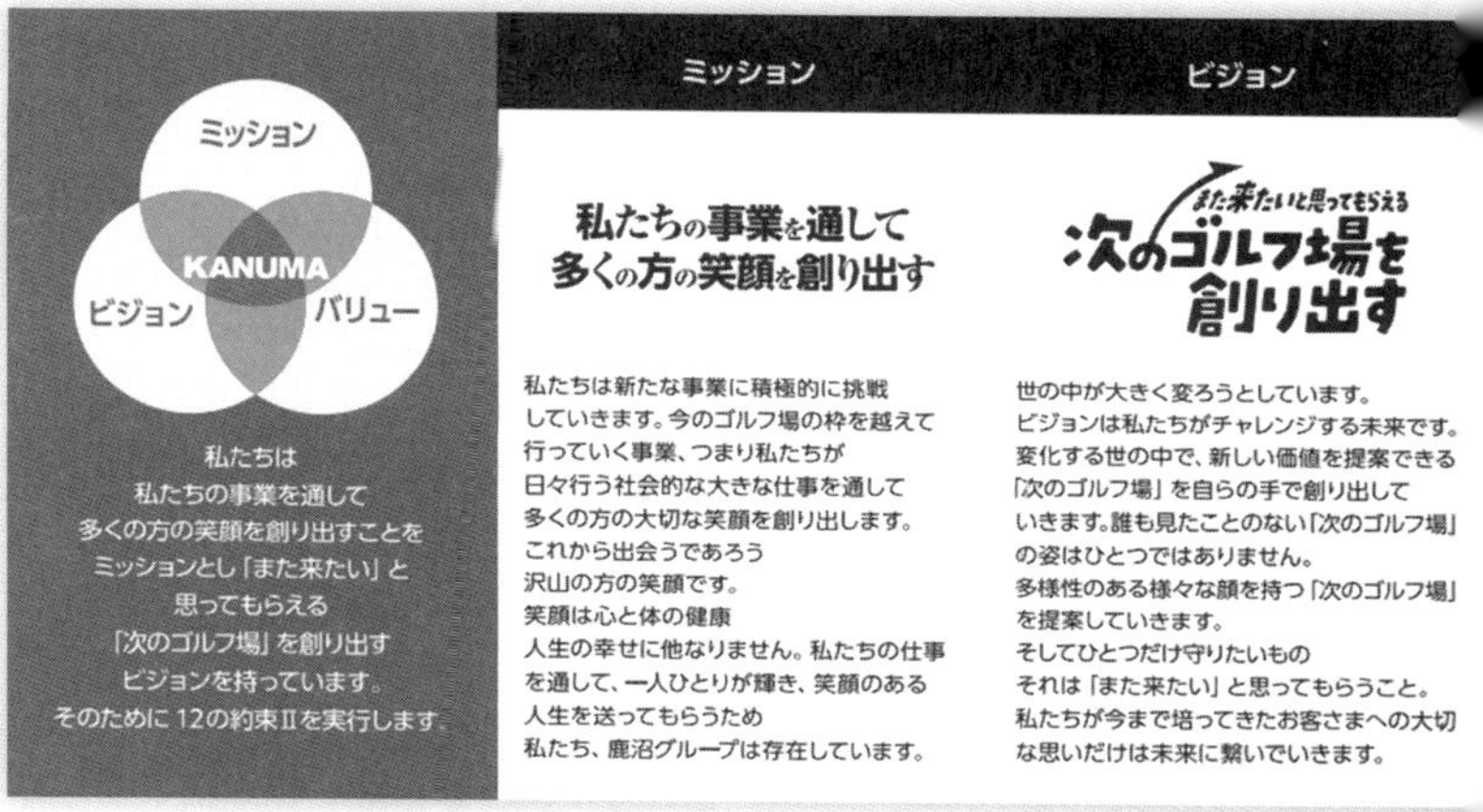

2007年に経営理念を初めて作った。会社の軸があることは、再生過程で大きな意味を持った。2022年に新しい経営理念(上)を策定

ンスもサービス向上の一部と捉え、コース管理改革も大胆に実行した。

私はゴルフ場事業の本質は「会員」「コースメンテナンス」「お客様第一」の3つだと考えている。再生の過程では、この3つを強みに磨き上げることに全力を集中した。

大きな流れをつかみ、抗わずに変えていく道を探すこと。事業そのものの本質や強みをつかみ、本当に注力すべきことは何かを見極め、そこにフォーカスし経営改革を実行すること。ここに事業再生の力の源がある。

事業の再生は、ヒトの再生やカネの再生にもつながった。「お客様第一」の追求は、スタッフの意識を変えてくれた。電話を取るときは自分の名前を名乗った。「客」とい

う言い方を禁止し、スタッフ同士の会話を含め、常に「お客様」という言い方を徹底した。

「お客様の声カード」という、お客様と会話することを促しつつ改善する仕組みも導入した。お客様から聞いた話をカードにまとめて提出するというものだ。上を向いて、つまり上層部の顔色をうかがいながら仕事をするのではなく、目の前のお客様を見る。

「また来たいと思ってもらえるゴルフ場」という当社のビジョンは、言い換えれば「お客様第一」ということだ。そして、戦略や戦術よりも、また来てくれたお客様や会員からのお褒めの言葉が事業再生の大きな原動力となった。

精神力について

「精神的に追い詰められたときに、なぜ逃げ出さなかったのですか」という質問をされることがある。考えても答えが出せない。もしかしたら、逃げ出そうとしても逃げ出す勇気がなかったのかもしれないし、ただ単に鈍感なだけだったのかもしれない。

これまでの経緯を知る人から「福島さんは強いですね」と言われたことがある。「強い」という響きはとても嬉しく、この言葉に力を得た。しかし最初から強かったわけではない。逃げ出しそうになった瞬間、瞬間をひたすら乗り越えていった結果、今があるというだけだ。

最初に逃げ出そうと思ったのは、資金繰りに行き詰まったときだった。銀行を退職し、気合いを入れて入社したにもかかわらず、給与が遅配し銀行への金利すら払えない状況で、どうにもならないと感じた。とんでもない会社に入社してしまったと嘆き、日経新聞日曜版に記載されていた転職欄を時折見つめた。「銀行出身35歳以下募集」という見出しを見ると心が動いた。

少し悩んだ後に、車でゴルフ場へ向かう。週末のゴルフ場は戦場のように忙しい。支配人や幹部をつかまえては面談し、集客動向やゴルフ場の状況を聞く。経理伝票を見て、気になるものがあれば内訳を聞き、対策を考える。トラブルの話も降ってくる。「○○さんが辞めるらしい」「預託金のクレームが多い」――。

結局、身の振り方を考えて悩む暇、動く暇がなかったということなのかもしれない。人は暇だから悩むのだ。精神的に追い詰められるのは、1人で塞ぎ込んで悩み続けるからだ。この頃の私は仕事で動き続けていた。365日、毎日、毎日、動いていた。休むことなど考えてもいなかった。休まずに動いていた。逃げ出そうとする暇すらなかった。

精神的な支えとなったものを挙げるとすれば、読書だろう。もともと、漫画しか読まないような生活だったが、追い込まれて本を読むようになった。1000冊以上は読んだと思う。東京から鹿沼へ東武日光線で通うこともあり、快速電車の中は私にとって大切な読書空間でもあった。

松下幸之助さんや稲盛和夫さんなどの経営者が書いた本も読んだし、人員削減の方法というような刺激的なノウハウ本も読んだ。『ビジョナリーカンパニー』など、話題になった経営戦略本も読みあさった。

本を読んでノウハウを得ることも多かったが、それ以上に勇気を得た。特に歴史本には励まされた。母は読書家でよく本を読んでいた。その母からもらった一冊が、前に紹介した童門冬二氏の『小説 上杉鷹山』である。米沢藩を立て直した鷹山公を尊敬し、目標にした。米沢には何度も墓参りに行った。有名な言葉「なせば成る なさねば成らぬ 何事も 成らぬは人の なさぬなりけり」の展示がある米沢市上杉博物館に立ち寄り、自らを励ました。本から得られた学びは数えきれない。本はあまりお金をかけずに学ぶことができる、最も有益な手段だ。

民事再生法の申し立て時には、逃げ出そうという気持ちはすでになかった。乾坤一擲の勝負でもあったが、希望の光というか、かすかな自信があったのも事実だ。

申請後、さまざまな局面で予想もしないことが起きたが、逃げ出そうという気持ちは微塵もなかった。その自信は、先手を打って準備をするということから生まれた。当時、私は危機管理リストを作って有事に備えていた。もちろん予想もしないことが起きることはあるが、確実に来るであろう危機に対しては、事前に準備をすることが大切だ。

これは経営戦略全般にも通じる。例えば、日本は人口が減少し、ゴルフ業界はゴルファー人口の減少という構造的課題を抱えている。この確実に訪れる未来と危機に向けて、準備を進めるべきだ。U35会員制度を導入した背景には、このような時代の先読みと準備があった。

民事再生の過程では、最後まで諦めないという気持ちは持ち続けていた。諦めないことは大切だと思う。諦めた瞬間にゲームオーバーになる。次の一手を考え行動に移して初めて逆転をもたらすことができる。諦めずに右往左往する。あがく。探索し続ける。経営者が諦めないからこそ、周りも動いてくれる。諦めないという経営者の粘りこそが周囲を動かすのだ。

思えば、民事再生申し立ての最後の局面で代表を降りることになった夜。ミーティングの席で誰一人として諦めなかった。何か方法はないかと、弁護士の先生たちが共に考えてくれた。そして白井先生が火中の栗を拾ってくれた。

豪雨による土砂崩れに見舞われた際も、地元の工事業者が動いてくれた。足利銀行のリファイナンスのときも、当時の支店長が諦めずに粘りに粘ってくれた。経営者に潔くある必要はない。泥水をすすってでも粘り強く、諦めずに生きていくべきである。

加えて、経営者として大切にしてきたことは「明るさ」だ。私たちのバリュー「12の約束II 私のリーダーとしての5つの約束」では、リーダーとして大切にしてもらいたいことの最後に「明るさ」を入れてある。明るさとは何か。それは希望を持っていることだ。経営にはポジティブな場面もあれば、ネガティブな場面もある。常にポジティブでありたいが、そうはいかないこともある。それでも希望を持って明るくしていたい。大きな声で笑っていたい。悔しくて泣きたいときもあるが、涙を見せずにスタッフの前ではいつも笑っていたい。

私は明るいメッセージを常に発信していたい。毎月社員に向けて発行しているマンスリーメッセージは開始から20年が経過し、通算２３０号を超えた。再生で行き詰まったときには明るさが救ってくれた。経営者の明るさから希望が生まれ、その希望がスタッフに伝播する。「何とかなるのではないか」という根拠のないポジティブさが組織に生まれる。そして、希望を持って動いてくれる一人ひとりのスタッフから、経営者自身も希望がもらえるのだ。

ある社員に「社長は何かやってくれると思う」と言われたことがあった。その言葉に私が希望を与えられた。信じてほしい。必ずや経営者自身、リーダー自身にその希望は返ってくる。自分から明るくあってほしい。明るさは希望を生み出し、人を巻き込む一歩となるから。

振り返ってみると、あっという間の25年であった。繰り返すが、自分自身に最初から強さや不動心のようなものがあったわけではない。七転び八起きだった父と母の影響も大いにあると思うが、何度も訪れる危機によって心が鍛えられたと思う。何事にも動じないということはないし、１００年に一度の危機が続けば、さすがに動揺はする。人間だから当たり前だ。

しかし、そこからが勝負。明るく希望を持って、諦めずに行動する。その繰り返しが強い心につながっていくのではないかと考えている。

逆説的になってしまうが、不動心は得るものではなく、与えられるものだと思う。私はもともとリーダー気質の人間ではなかった。高校で初めてラグビー部の主将を務めたときには本当に悩んだ。主将のキャラではなく、よく食べ、よく笑い、仲間からも笑われるタイプだったのに、突然、主将に任命されたから最初は拒んだ。練習に遅れてきた同期を叱らないといけないが、なかなか言葉が出てこなかった。1人で孤独感を感じて、しばらくふさぎ込んでしまった。経営者になった当初も、決断できないリーダーだった。

しかし、悩んでも前を向いて歩いた。失敗しても決断を続けた。そして、明るさを持ち続けていたら、社員から希望を与えられるようになった。少しずつ成果が出て、自信が生まれ、強くなった。強くなりたいと思ったわけではないが、与えられた苦難から逃げなかったら、結果的に多少は強くなることができた。あのとき主将を引き受けてよかった、多額の負債を抱えた鹿沼グループの経営者になってよかったと、今は思える。

鹿沼グループはこれからも「また来たいと思ってもらえる次のゴルフ場を創り出す」というビジョンに向けて歩み続けていく。経営には、終了の笛が吹かれることはない。いつまでも続くだろう。そして、いつの日か生まれ変わっても経営者として生きていきたいと思う。それだけ経営者とは魅力的な仕事なのだ。

あとがき

2024年5月、弁護士の白井徹先生がお亡くなりになった。数年前に白血病を患われていたが、骨髄移植手術にも成功し快復されていたなかでの突然の出来事だった。享年63歳、あまりにも早すぎる、そしてあまりにも突然すぎる死だった。最近は、経営会議もオンライン出席だったが、会議の最後には「次回は必ず行きますからね」と笑顔で語っていた。

白井先生には、当社代表取締役退任後も、社外取締役兼顧問弁護士として私たちを導いていただいた。「経営陣の中で私はディフェンス担当。コンプライアンスをしっかり見ていきます」と語り、「会社を守る」という現実的な視点から、いつも的確なご意見をもらった。

「しなやかな組織」という抽象的な組織ビジョンを掲げたときは、「誰にでも分かる具体的な内容が必要だ」とリアリストの白井先生らしく、目に見える内容にするように指示された。ある取引先との契約交渉では、当社にとって不利な内容に押されていた私たちに対して「いつまでこの会社に隷属するのか」と厳しい口調で叱責した。新規事業にチャレンジするとき、「この事業は本当に必要なのか」とあえて否定的な意見を投げかけ、前に前にと突っ走る私を真剣に戒めてくれた。

正義感の強さが表情に出て、鋭い目つきで厳しく指導するときもあれば、大笑いし、優しく励ましてくれることも多かった。大きい身体から生まれる安心感に満ちた雰囲気、困ったときには笑顔で包み込んでくれる優しさ、そして私たちのことを心底心配し、叱咤激励してくださる厳しさ。白井先生にはすべてが包含されていた。

優しさと厳しさ。この矛盾した2つの概念、本来は対義語である。しかし両方持てることにより、右か左かという対立ではなく奥深さが生まれ、立体的な人格となるような気がする。経営とは矛盾の戦いである。その矛盾の中で経営しなければならない経営者として、白井先生の存在そのものが目の前にある生きた教えだったと強く感じる。

訃報に接し、奥様に無理を言って親族だけの葬儀に参列させていただいた。そこで成長した3人のお嬢様たちとお会いした。昔は小さな子どもだった皆さんとの再会が嬉しく、つい白井先生の仕事上のエピソードをたくさん語ってしまった。三女の方は弁護士を目指しているという。

彼女たちは、自宅でお酒を飲んでリラックスしているお父様しか知らなかった。私たちのヒーローである「弁護士白井徹」の本当の姿を話したときには、あまりのギャップに驚きつつ、お父様のすごい仕事ぶりに感動したようだった。お嬢様たちに白井先生の実像を伝えられて本当によかった。自分にできる白井先生への最後の恩返しだったかもしれない。

そして最後のお別れで、泣きながらも白井先生の亡骸に手を合わせた。そのとき、ふと、私たちの「再生の旅」が終わるのだと強く感じた。兄貴分であり恩人でもある白井先生との二人三脚で歩んだ再生の20年が終わりを迎えたとき、新たな成長の旅が始まると思った。終わりは始まりである。「再生から成長へ」。白井先生は最後まで、そしていつまでも私の背中を押してくれている。白井先生の温かく大きな手を思い出して、決意を新たにした。

人は短い人生の中で、いったい何人の死と向き合い、何人を見送るのだろうか。私たちのヒーローである民事再生手続き時の弁護士団の一員だった白井先生も、兄貴分だった会計士の末吉先生も見送った。コミック「風の大地」で大変お世話になった、坂田信弘先生もかざま鋭二先生も見送った。そして、これまでの経営者人生でも、多くの社員を見送ってきた。人を見送ることがあまりに多く、何か自分に問題があるのではないかと真剣に考えてしまうこともあった。

しかし、大切な誰かとの別れを通して、残された私たちは、その死から何か教えられることがあるはずだ。人との別れには意味がある。

私がこの本を書くことの原動力となった2人との別れをここに記したい。

1人目は大学ラグビー部同期の大親友、加藤寿岳君だ。加藤君は今から17年前の2008年に突然亡くなった。38歳の若さだった。当時、加藤君とは毎週のように会っていた。私自身も民事再生の山を越えたところで、加藤君とともに大学ラグビー部の再建活動に参加していた。

きっかけは加藤君だった。彼が経営していた居酒屋でOBたちが集まり、低迷していたラグビー部の再建話が持ち上がっていた。加藤君が最も親しかった一学年下の元主将を監督に招聘《しょうへい》するという計画になった。その場にいた私に対して、「福ちゃんも協力してくれ」と言われ、断る理由もなく二つ返事で一緒に行動することになった。

新監督には情熱があった。サラリーマンとの掛け持ちで監督を引き受けてくれた彼を支えようと、加藤君と毎週のようにグラウンドに行った。老体に鞭を打って選手の相手をしたりもした。練習後にはお互いに大好きだった横浜家系のラーメンを食べて帰った。

入れ替え戦という大一番の最終戦も近くなったある日、いつものようにラーメンを食べて、加藤君を車で送って交差点で別れた。その1週間後に突然訃報が届いた。奥様の配慮で親族だけの葬儀に参加させてもらった。慟哭した。慟哭とはこういうことかと身に染みた。

高校時代には強豪校の主将を務め、正義感が強く、努力家であった彼を私は心底尊敬し、学生のときからよく一緒に行動していた。そんな加藤君から居酒屋を閉店した話を聞いた。「次に何かするときは一緒にやりたいね。そのときは茶（加藤君のあだ名）が社長をやって、俺が支えるよ」と話した。彼はその発言をとても喜んでくれた。「福ちゃん、嬉しいね～」。

彼の死後も数々の困難に襲われた。そんな苦しいときに「福ちゃん、諦めるなよ」という彼からのメッセージが聞こえてくるような気がしていた。

人の分まで生きるというようなおこがましいことは言えないが、やり残したことがあるだろう彼の無念さから与えられた小さな勇気を胸に、彼の思いを受け止めつつ、最後まで諦めずに粘りに粘って、宿命に向き合い、運命に抗って生きていきたい。

もう1人の死、それは中島篤志さんだ。ゴルフ業界で親しく付き合った最初の経営者が篤志さんだった。

民事再生の終結決定後、栃木県内で開かれたゴルフ業界の会合に誘われた。当時、私は業界活動に全く関わるつもりもなかったし、正直嫌だった。「業界活動をしている経営者は経営をしていない証拠だ」くらいの不遜な気持ちを持っていた。

篤志さんから声をかけられても、いつも断っていた。それでも何度も声をかけてくれた。「栃木県には福島さんが必要だから」。大きい身体をかがめ、優しく接してくれた篤志さんに根負けしてしまい、業界活動に参加することになった。今から10年以上前のことだった。それから篤志さんとのお付き合いが始まった。「ゴルフ場の経営は大変だよね……」と2人で愚痴をこぼしつつ、たくさん話をした。

あるとき、福岡のゴルフ場で開かれたセミナーに誘われ、そこで篤志さんの講演を聞いた。その壮絶な内容に驚いた。

中嶋常幸プロの弟として生まれ、父、巌さんから兄を超えるプロゴルファーに育成するために猛烈なスパルタ教育を受けたものの、結果的にプロになれずに挫折した。その後、巌さんが経営する複数のゴルフ場を事業承継したが、それらのゴルフ場は預託金という多額の負債を抱えており、民事再生法を申し立て、破綻した。その再建途上で自殺未遂を起こし入院する。そこで聖書に出会い、命が救われ、立ち直るまでの壮絶な体験談を聞いた。

正直、いつも穏やかでニコニコしている篤志さんからは想像もできなかった。それから、互いに民事再生を経験した栃木県のゴルフ場経営者として、公私共にお付き合いした。関東ゴルフ連盟での活動や栃木県ゴルフ振興基金の立ち上げなど、一緒に精力的に動いた。

そんななか、篤志さんから突然電話が入り、大切な話があるので（栃木県の）小山まで来てほしいと言われ、和食店で夕食を共にした。

そしてこう言われた。「脳に腫瘍ができて、そんなに長くないと思う」と。そのとき、私には篤志さんが何を言っているのか理解ができなかった。いつものように穏やかな口調で、冷静に話をする篤志さんの強さに力が抜ける思いだった。

それから闘病生活が始まった。篤志さんが業界団体の会合に出席できないこともあり、報告という理由をつけては、自宅や病院にちょくちょくお見舞いにいき、共に祈りを捧げた。痛みもありつらいときも多かったと思うが、それでも最後までいつもの穏やかな篤志さんだった。そして、

2020年4月、篤志さんは天に召された。享年58歳だった。

病に侵される前、篤志さんから電話があり「すごいことを思いついたよ‼」と、興奮気味に話を聞かされた。NHKのテレビ番組で認知症の特集をしているのを見て、認知症予防にゴルフが良いのではないかとひらめき、その活動に挑戦するとのことだった。それからは早かった。関東ゴルフ連盟を中心にウィズ・エイジングゴルフ協議会を立ち上げて、ゴルフが健康に良いことをPRするゴルフ振興活動を熱心に展開した。ゴルフの厳しさ、ゴルフの楽しさ……ゴルフの魅力を知り尽くした篤志さんだからこそできた活動だった。

篤志さんの思いを受けて、ゴルフ振興で日本一の県になりたいと、栃木県ではこのウィズ・エイジングゴルフスクール活動を熱心に展開している。また、この活動は日本ゴルフ協会に引き継がれて、篤志さんの弟でプロゴルファーの中島和也さんが推進し、ゴルフと健康という形で全国に展開することになった。


白井先生との出会いと別れ、加藤君との出会いと別れ、そして中島篤志さんとの出会いと別れ。私は、3人の大切な人から多くのことを学び、今を生き、困難を乗り越える原動力を与えてもらった。白井先生には厳しさと優しさを併せ持つ人間性を、加藤君には諦めない勇気を、篤志さんにはゴルフの魅力を伝える信念を、それぞれ教えてもらった。それは直接的なメッセージでなくとも、彼らの生き様を通して私の心に強く響き、影響を与えられた。

彼らも道の途中であったことは間違いだろう。白井先生の奥様も「まさか自分が死ぬなんて思ってもいなかったはずだ」と仰っていた。若くして天国に旅立った3人は、地上でやり残したこともあったはずだし、無念であったと思う。先に旅立った彼らの思いも継承し、これからも生きていきたいという私自身の思いも、この本を書く力になった。

人の死と別れとは、その先も生き続けていかなければならない、残された私たちにとって、何らかの意味があるものであり、それこそが一足先に天国に行った彼らからのギフトだと思う。そのギフトを胸に、これからも自らの行動を通して未来に証していきたい。

運命と宿命、その違いはたった1つ。変えることができるものか、できないものかという点である。宿命とは変えられないものであり、運命とは変え続けられるものだ。

自分の人生を振り返ると、父・文雄と母・和子との間に生まれたという事実は宿命であり、変えることのできないものだった。誰しも親は選べない。そして、父が事業家だったことも、ゴルフ場を経営し1400億円もの負債を抱えたことも、私にとっての宿命だった。

一方で、その後の逆転人生は運命だった。銀行員を辞める決断をし、鹿沼グループに入社したときから、父と母から生まれた私の宿命は、新たな運命の第一歩となって動き出した。

負債1400億円を背負うことを自分で決断した。だから運命は動き出した。運命が変えられるとすれば、それは決断することで変わっていくのではないか。少なくとも私自身はその道を選び、自分の運命が変わり始めた。

もし私が銀行員のままだったら、もし私がラグビーのトップ選手になっていたら……。「たらればを妄想するのは楽しいことではあるが、自分の決断をむやみに後悔したくない。私は銀行を辞めて事業を受け継いだことを全く後悔していない。負債も多く、失敗や苦労の連続だったが、それも運命の1つだ。過去への後悔は運を遠ざけ、命を運んでくれないと私は思う。運命を動かす力は、決断し、行動すること、そしてその決断を後悔しないことだ。

「あなたは運が良いですか」と尋ねられれば、私は大きな声で「ハイ!!」と答える。私は運が良い。これは自信をもって言える。成功している多くの経営者に同様の質問を投げかければ、9割の経営者は「私は運が良い」と答えるだろう。

その「運の良さ」とは何だろうか。私は、運とは「人との出会い」だという仮説を持っている。良き人との出会いが運の良さにつながる。自分にとってネガティブな出会いも、結果としては運が良かったと言えることにつながる。良きにつけ悪しきにつけ、人との出会いを通して、私たちは成長する。人から受ける影響や刺激によって自分自身が変わる。また、人からの協力や支援によって物事が変化することがある。経営者やリーダーであれば、1人で仕事はできない。人と人の関係性によって、変化する。つまり運命が変わる。

鹿沼グループは想像以上の負債があったが、想像以上の素晴らしい出会いによって助けられた。安野さんや別井さんとの出会いがなければ私はここにいない。白井先生との出会いがなければ渡辺先生との出会いもなく、再生は果たせなかった。怪文書を書いた人がどこにいるかは分からないが、書いた人がいなければ再び社員と向き合うことはできなかった。

自分の宿命を素直に受け入れて、運命を変えていきたい。

再生途上の私は、そんな大層なことは思わずにただ走り続けていたが、今、後ろを振り返ると、人との出会いには恵まれたと断言できる。それが運の良さにつながり、運命を変えてくれた。抗えない宿命が、人との出会いで運命となり、逆転人生に変わっていった。

もし、運を良くしたい、運命を変えていきたいと思うのであれば、人との出会いやご縁を大切にすること。そのことを1人でも多くの方に伝えていきたい。いろいろなことに気づく力や新しいものを取り入れる力も運を良くしてくれるかもしれないが、それ以上に人との出会いが自分に変化をもたらしてくれるはずだ。

この本を通して、私自身にもさまざまな新たな出会いやご縁が生まれるかもしれない。新たな出会いやご縁を通して、私自身の運命もこれからも変わり続けていきたい。

私たちの経営理念にある、バリュー「12の約束Ⅱ 私たちの7つの約束」の最後は「感謝の心を大切にします」で締めくくられる。運命は人との出会いに導かれて変化していく。そして、運命が動き出した瞬間から感謝の心が何よりも大切なのだと、この物語を書き、改めて感じた。感謝の心がなければ、出会いという運命の歯車は止まってしまう。続いていかないから結果につながらない。だからこそ、今の逆転人生があることに感謝の心を忘れてはならない。感謝の心を大切することを伝えたい。

それが最後の最後に分かった、本書を書くことの目的だった。人は誰でも死を迎える。私にもいつかその時が来る。その時に弔問に多くの人が来てほしいとは望まない。こんなにも多くの人たちに感謝してきたと、最後に回顧する人生でありたい。

もう1つ、物語を書いていて改めて感じたことがある。

この再生物語は私だけの物語ではなく、関わっていただいた多くの方々、一人ひとりが物語の主人公であるということだ。ここに登場している皆様に、自分のこととして主体的に関わっていただいたからこそ、奇跡のような再生が果たせたのだ。本書に登場いただいた皆様、私の逆転人生にご支援いただいた多くの皆様に心から感謝したい。

そして、この物語を書くにあたり瀬戸久美子さんには、常に伴走してくれ、「書く勇気」をいただいたことを深く感謝する。

最後に、希望あふれる新たな物語を続けることを皆様に約束し、筆を置く。

2025年1月吉日

福島範治（ふくしま・のりはる）
1970年東京都生まれ。93年青山学院大学経営学部卒業後、第一勧業銀行（現みずほ銀行）入行。98年、父親が社長を務める鹿沼カントリー倶楽部に入社。経営企画室課長を経て、99年代表取締役副社長。足利銀行の一時国有化を受け、2004年民事再生法の適用を申請。代表取締役を退任し、執行役員副社長に。スポンサーを入れずに自力再生を成し遂げ、08年代表取締役社長に就任。鹿沼グループ代表として栃木県内で3つのゴルフ場を運営する

負債1400億円を背負った男の逆転人生

鹿沼カントリー倶楽部再生物語

2025年 2月17日　第1版第1刷発行

著者	福島範治
発行者	松井 健
発行	株式会社日経BP
発売	株式会社日経BPマーケティング 〒105-8308 東京都港区虎ノ門4-3-12
編集	北方雅人
カバーデザイン	小口翔平＋後藤司（tobufune）
本文デザイン・制作	吉岡花恵（ESTEM）
印刷・製本	TOPPANクロレ

ISBN978-4-296-20728-2　Printed in Japan